创业风险管理

创业开公司必知的
实操陷阱

钟东霖◎著

电子工业出版社
Publishing House of Electronics Industry
北京·BEIJING

内 容 简 介

近年来，创业的热度持续走高，参与创业的人数也越来越多。许多创业者并没有意识到，在创业的过程中，其实暗藏着许多风险，这些风险会直接或间接导致创业的失败。本书从风险认知、注册风险、财务风险、经营风险和外部环境风险五个方面，以及概念风险、技巧风险、外部风险三个维度对创业者在创业的过程中可能遇到的种种风险进行了详细的列举，同时给出了合理有效的规避方案，帮助创业者避开风险，实现创业理想。

未经许可，不得以任何方式复制或抄袭本书之部分或全部内容。
版权所有，侵权必究。

图书在版编目（CIP）数据

创业风险管理：创业开公司必知的实操陷阱 / 钟东霖著. —北京：电子工业出版社，2022.7
ISBN 978-7-121-43341-2

Ⅰ．①创… Ⅱ．①钟… Ⅲ．①企业管理－风险管理 Ⅳ．①F272.35

中国版本图书馆 CIP 数据核字（2022）第 070081 号

责任编辑：杨　雯　　　特约编辑：田学清
印　　刷：北京虎彩文化传播有限公司
装　　订：北京虎彩文化传播有限公司
出版发行：电子工业出版社
　　　　　北京市海淀区万寿路 173 信箱　　邮编：100036
开　　本：720×1000　1/16　　印张：15.5　　字数：226 千字
版　　次：2022 年 7 月第 1 版
印　　次：2025 年 3 月第 2 次印刷
定　　价：59.00 元

凡所购买电子工业出版社图书有缺损问题，请向购买书店调换。若书店售缺，请与本社发行部联系，联系及邮购电话：（010）88254888，88258888。
质量投诉请发邮件至 zlts@phei.com.cn，盗版侵权举报请发邮件至 dbqq@phei.com.cn。
本书咨询联系方式：（010）57565890，meidipub@phei.com.cn。

前　言
FOREWORD

创业，一直是让人心潮澎湃的一个词，几乎每十个人里就有八个人有过创业的念头。在普通人看来，创业似乎是一个能够实现阶级跨越和财富积累的有效途径。自李克强总理提出"大众创业、万众创新"的口号以来，创业更是成了一种新兴的风尚，如飓风般席卷了各行各业。朋友圈里开始有人晒公司，人人都做起了自己的老板。即使在新冠肺炎疫情影响尚未消除的今天，人们仍旧愿意追随创业的浪潮，试图成为下一个商界明星。

据统计，2020年，返乡入乡的创业创新人员累计超过千万人，留在城市里发展的人更是不计其数。如果没有新冠肺炎疫情的影响，选择创业的人数将更多。新冠肺炎疫情虽然导致许多公司破产和衰败，但是同时也让国内的创业出现许多新的机遇。

虽然巨大的成功吸引着一批又一批的理想者加入创业之路，但是成功仍旧是属于少数人的。有一些创业者在经历了极为短暂的辉煌之后快速地从市场上销声匿迹，而更多的创业者则很少拥有大放异彩的机会。成功者的桂冠，往往只有极少数人可以摘得。

创业是有风险的，这一点毋庸置疑。但人们在选择创业时，很容易被激情冲

创业风险管理
创业开公司必知的实操陷阱

昏头脑,忽视了创业路上的种种风险。创业就像在走一条陡峭的山路,路上布满了各种陷阱,只有避开了所有陷阱的人才能最终到达顶峰。没有做好万全的准备就贸然创业,只会提高失败的概率。只有充分了解创业中可能遇到的种种困难和风险,并提前做好充足的准备,才能在遇到这些困难和风险时给出漂亮的反击。

本书从风险认知、注册风险、财务风险、经营风险和外部环境风险五大方面总结了创业者在创业的过程中可能遇到的各类风险,并给出了详细的规避方案。其中,风险认知部分从基础性的概念出发,指出了创业者在创业的过程中容易犯的概念上的错误,为创业者提供正确的思考基础;注册风险、财务风险、经营风险部分则针对技术上的风险,总结了前人的经验,给出了有效的规避方案,帮助创业者少走弯路;外部环境风险部分则通过对外部环境的宏观描述,指导创业者利用外部环境中可利用的部分进行自我建设,同时规避外部环境中存在的风险。

本书旨在帮助创业者避开创业路上出现概率较大、影响程度较深的风险。通过提前了解这些风险,防患于未然,创业者可以提高创业成功的概率。在规避风险的过程中,创业者可以培养自己的能力和竞争力。只要拥有强大的能力和核心竞争力,即使遭遇了暂时的失败,创业者也能够很快调整自己的状态,向着理想的方向继续前进。

目 录
CONTENTS

第1篇 风险认知

第1章 创业路上为何致命的失败一再上演 2
- 1.1 战术风险：没有理解怎么做 2
- 1.2 战略风险：没有理解做什么 4
- 1.3 愿景风险：没有理解为什么做 6
- 1.4 危机感延续了公司的生命 8
- 1.5 每个员工都要有危机意识 9
- 1.6 我们的竞争对手就是我们自己 11

第2章 你的想法真的万无一失吗 14
- 2.1 投机成不了富豪，只会倾家荡产 14
- 2.2 一夜暴富概率小，厚积薄发是常态 16
- 2.3 所有人都追逐的风口，已经很难赚钱了 18
- 2.4 埋头苦干只能温饱，找对路才能赚大钱 20
- 2.5 赚钱的运气需要积累，并非所有人都能"撞大运" 21
- 2.6 会赚钱的人不执着于错失的机会，只考虑眼前的问题 23

第3章　明确底层逻辑，跳出高风险陷阱 25

- 3.1　寻找目标：把不是我的，变成我的 25
- 3.2　创新方法：为什么我的创新都破灭了 27
- 3.3　还原论：大多数事物的本质都是一样的 29
- 3.4　资源整合：天下万物不为我所有，但为我所用 31
- 3.5　异业联盟：你的产品就是我的产品 33
- 3.6　跨界：做百业事赚百业钱 35
- 3.7　"猪买单"模式：花别人的钱，办大家的事 36
- 3.8　众筹：众筹不是筹钱，是筹人 38

第2篇　注册风险

第4章　注册风险：没开始就结束并非小概率事件 42

- 4.1　相似的注册名称可能侵权 42
- 4.2　注册金额越高越好吗 44
- 4.3　商标被抢注，有苦难说出 46
- 4.4　注册后长期不经营可能被吊销营业执照 48
- 4.5　缺少行业资质证书连开门营业都难 49
- 4.6　新希望乳业注册商标"24小时"被驳回 51
- 4.7　用虚假材料注册公司，负责人被列入黑名单 53
- 4.8　商标被抢注，天眼查与企查查的两年纠葛 55

第5章　场地风险：工作场地牵一发而动全身 57

- 5.1　如何选择注册地址 57
- 5.2　产权不清，风波不断 59
- 5.3　住宅楼、商住两用楼能注册公司吗 61
- 5.4　注册地址与办公地址不一致有问题吗 63

5.5 提前退租如何计算违约金 65
5.6 公司地址异常是怎么回事 67
5.7 不办理注册地址变更登记可以吗 69
5.8 租工位，初创公司新选择 71
5.9 公司搬家如何避免人员流失 73

第3篇　财务风险

第6章　税务风险：税务是公司经营的高压线 76

6.1 不核税、不报税造成税务异常 76
6.2 营业收入未开发票，补税和罚款都少不了 78
6.3 大额股权转让不申报个人所得税，被判逃税罪 80
6.4 "兼营"错用税率，少缴税被罚 83
6.5 "送礼"给客户未代扣代缴个人所得税，被罚款 85
6.6 合同随意作废，增加缴税额度 87
6.7 "无偿使用"的税务风险 89
6.8 虚开增值税发票被处罚 91

第7章　现金流风险：时刻警惕"钱"的危机 94

7.1 过度赊销，账面只有应收账款 94
7.2 乱用财务杠杆，公司被负债压垮 96
7.3 库存积压，资源不能变现 98
7.4 营运资金被占用，用钱时没钱 100
7.5 杠杆失控导致欠债40亿元 102
7.6 上市公司破产，只因应收账款太多 104

第8章　代理记账风险：别让"省心"变"糟心" 106

8.1 低价代理记账公司的致命陷阱 106

8.2　如何找到"靠谱"的代理记账公司 109
8.3　更换代理记账公司的注意事项 111
8.4　找个人代理记账行不行 112
8.5　业务不专业，账目错乱 113
8.6　权责不清，出问题没人理 114
8.7　错过优惠政策，公司白花"冤枉钱" 116

第4篇　经营风险

第9章　合伙风险：如何打破"财聚人散"的魔咒 120
9.1　公司账户内的钱可以随意取用吗 120
9.2　夫妻两个当股东，能规避公司人格混同风险吗 122
9.3　"注册股东"的最佳人数是多少 124
9.4　如何审查股东的非货币出资 126
9.5　没有退出机制，股东闹矛盾后患无穷 127
9.6　财务不公开，合伙双方早晚"分手" 129
9.7　缺少创始股东协议，难以保证"好聚好散" 131

第10章　人事风险：人事变动不是一场"消耗战" 133
10.1　报到日即入职日，离职赔偿金如何算 133
10.2　员工简历造假，公司能秋后算账吗 136
10.3　劳动合同中约定的担保内容有效吗 137
10.4　如何与员工约定违约金 141
10.5　保密费不能代替竞业限制补偿金 143
10.6　试用期间，公司可以随意辞退员工吗 144
10.7　劳动合同到期不续签，有什么后果 145
10.8　考勤表、工资单员工不确认，可以吗 147
10.9　员工旷工多天，公司也不能直接解约 148

10.10 下班后接孩子放学被撞，属于工伤事故 149
10.11 帮员工开"高薪证明"，却变成"索薪证据" 150
10.12 帮亲戚在公司代缴社保，却成了骗保 151

第11章 管理风险：科学化管理，拒绝公司内耗 154

11.1 制度不完善，骨干辞职 154
11.2 执行不到位，制度变成一纸空文 156
11.3 "家长制"管理模式盛行，缺乏科学决策机制 157
11.4 部门职责不清，相互推诿 160
11.5 职能结构不合理，工作没效率 161
11.6 未做到专人专事，无人负责问题 163
11.7 管理制度有问题，员工流动性大 166
11.8 员工不积极，公司目标难以实现 168

第12章 营销风险：营销活动也可能变成一场危机 171

12.1 重金请代言人，为什么品牌反而"糊"了 171
12.2 面对消费者投诉如何公关 173
12.3 社交媒体既能"爆红"也能"爆黑" 174
12.4 消费者信息守不好，隐患无穷多 177
12.5 "多砸钱"做营销一定能成功吗 178
12.6 营销过度反而"招黑" 181
12.7 公司出现大危机时如何力挽狂澜 183

第13章 合同风险：看不懂合同，小心被"算计" 187

13.1 合同是交易的前提 187
13.2 对方没资格签约，出问题找谁 188
13.3 对方无能力履约，只能吃"哑巴亏" 190
13.4 双方未约定权责，出现问题谁都不想管 191
13.5 条款语意模糊，道理谁也辨不清 193

- 13.6 担保人需要有什么资格 194
- 13.7 保密协议如何设置 195
- 13.8 口头变更合同，对方不认怎么办 198
- 13.9 未及时行使法定抗辩权，后面还可以提出异议吗 199
- 13.10 公司的印章在不知情的状况下被他人使用，是否有效 200
- 13.11 授权过期，被授权人签的合同还有效吗 202

第5篇　外部环境风险

第14章　融资风险：资本和企业合作才能生财 204

- 14.1 融资过多，可能"害死"创始人 204
- 14.2 投资人短线投资，扰乱公司发展规划 205
- 14.3 投资人只想"圈"住项目，令公司错失融资时机 206
- 14.4 投资人恶意稀释创始人股权，令创始人失去控制权 208
- 14.5 投资人擅自转让股权，使其他股东权益难保 210
- 14.6 对赌协议风险太大，创始人可能"流血上市" 211
- 14.7 失去品牌优势，5.3亿美元融资也难以救活凡客诚品 214
- 14.8 盲目缴纳服务费，百万元资金打水漂 215

第15章　整合风险：抱团取暖是最好的翻身途径 217

- 15.1 即使追求小富即安也不能原地踏步 217
- 15.2 整合"假"资源，公司生存更艰难 218
- 15.3 整合目标不明确，公司白忙一场 220
- 15.4 只想获利不想付出，没人愿意参与整合 221
- 15.5 确定主导权才能力往一处使 223
- 15.6 控制整合成本，一分钱不花也能开600家连锁店 224
- 15.7 信息不对称，资源整合难实现 225

第16章 市场风险：新品不好卖，可能是市场不需要 227

16.1 消费心理变迁：未创新理念，美特斯邦威面临危机 227
16.2 盲目扩张：在市场寒冬扩张，华泰汽车深陷困境 230
16.3 政策变化：未注意政策调整，沃特玛销路被阻断 231
16.4 盲目转型：五年四次转型，乐淘还是难逃被贱卖的命运 232
16.5 营销有误：润妍为何雷声大雨点小 233

| 第1篇 |

风险认知

第 1 章
Chapter 1

创业路上为何致命的失败一再上演

有些创业者在创业路上屡败屡战，屡战屡败，使其投入的成本没有得到理想的回报。总结这些创业者的失败经历会发现，其失败的原因大多类似。也就是说，他们总是因为同一个原因栽跟头。如果创业者对基础性的概念认知不清晰，就很容易造成致命的失败多次上演。

1.1 战术风险：没有理解怎么做

随着多种新兴行业的兴起，越来越多的人投入创业大潮，希望借创业这种方式实现自己的抱负与价值。然而，商场如战场，创业的风险不可低估。早年的创业多靠胆识，谁胆子大、有勇气，谁就有可能成功。而在几乎人人都是创业者的今天，创业比的更多是系统的规划与安排，这就要求创业者积极培养自己的战术能力和战略意识。如果不重视创业的战术和战略，那么你的创业之路注定不会顺利。

所谓创业的战术，即为达到战略目标而采取的手段。简单来说，就是在创业的过程中，创业者在制定好战略目标后，要充分理解接下来该怎么做才能实现这个目标。创业者在创业的过程中经常会遇到一系列问题，包括怎样招募合伙人、如何分配股权、怎样制定企业的管理制度、如何吸引人才、如何开展业务等。只有解决了这一系列问题，企业才能达到预期目的。创业者为了解决这些问题采取的方式和手段，以及在解决问题的过程中总结的方法，就是创业的战术。

有不少创业者喜欢宏大叙事，各种模式理论信手拈来，战略规划讲得头头是道。然而，等到真正实践时脑子里却一团乱麻，难以有效运用。这些创业者有一个共同的特点：看似有美好的愿景和规划，却不知具体该如何行动。

在战场上有一句话："在战略上要藐视敌人，在战术上要重视敌人。"在创业中也一样，在战略规划上要大胆，在战术选择上则要谨慎。在创业中，针对同一个问题，往往有多种战术可供选择。只有选择合适的战术，才能保证自己的路线不偏离目标，不白费力气。

创业者在制定战术时，可以参考三个原则。

原则一：知己知彼才能百战不殆。

在创业的过程中，创业者会遇到很多问题，从初期的项目选择到中期的方向决策，每个问题都关乎创业的成败。比如，初期在选择创业项目时，创业者很容易盲目从众，看到哪个行业红火就全盘投入。要想选择合适的、有发展前景的创业项目，就需要对自身优势、市场形势、项目内容等事项有一个准确、全面的了解。只有将了解到的信息进行充分且周密的分析，预估可能遇到的风险，做到知己知彼，才能做出正确的选择。

原则二：打造属于自己的"狼群"。

狼群之所以有强大的战斗力，是因为它们总是以团队为单位行动。在狼的团队里，每只狼都有明确的分工与定位，一旦开始行动，每只狼都会恪尽职守，充分发挥自己的作用。在工作团队的安排上，创业者可以参考狼群的模式，选择合适的合作伙伴，根据每个人的情况分配不同的工作，让他们充分发挥自己的价值，加强团队的合作意识，打造属于自己的"狼群"。

原则三：要坚持，也要改变。

行百里者半九十，很多创业者之所以没有成功，是因为其缺少坚定的信念，一旦有点风吹草动就产生了放弃的念头，最后什么成绩也没做出来。创业不是朝夕之功，坚持是成功的必备条件。但是坚持并不意味着一成不变，一旦真正发现问题，创业者也要有立刻改变的决心和魄力，只有快速迭代才能跟上时代。不管是坚持还是改变，都要建立在对自己的事业有准确、全面的了解的基础上，只有这样才能避免决策失误。

1.2　战略风险：没有理解做什么

在创业的过程中，很多创业者还会面临战略风险，即没有制定合适的长期规划，不能确定自己究竟要做什么。

在创业中，战略和战术同样重要。空有战略没有战术，创业者难以实现自己的目标；空有战术却缺少战略，创业者会缺少长远目标，付出的努力就会变成无效努力，造成每天忙碌却始终难以做出成绩的情况。劳而无功，是战术勤奋、战略懒惰的表现。

第 1 章
创业路上为何致命的失败一再上演

普通的战略指的是长远目标，创业的战略指的是长期规划，是对事业发展中整体性、长期性、基本性问题的计谋，具有层次高、角度广的特点。事业的发展离不开战略，战略决定了事业的高度和广度，指导着事业的发展方向。企业战略是企业生存与发展的脉络，一次战术的成败可能对事业的最终结果影响不大，但战略的好坏却直接影响整个事业的成败。因此，创业者必须具备高瞻远瞩的能力，既能制定长期的规划和策略，也能根据实际情况及时调整战略，以应对事态的变化。

从实际情况来看，大多数企业在创业初期由于规模较小，更适合一些"小而精"的发展战略。本节将简单介绍一些"小而精"的发展战略作为参考，帮助创业者在创业初期掌握自己的发展节奏。

（1）填补战略。填补战略是指企业将自己的产品定位在市场上尚未被竞争对手发觉或占领的那部分需求空白的战略。这种战略的竞争压力小、发展空间大，可以帮助创业者扬长避短，有利于创业者获得进入某一市场的先机，快速建立对自己有利的市场地位。婴幼儿品牌贝因美就是靠着这种战略，在与外资品牌的竞争中脱颖而出，一跃成为广受好评的本土品牌的。

（2）借势战略。产品借势是将销售目的潜伏在营销活动中，将产品的推广融入一个消费者喜闻乐见的环境里。与普通的营销手段相比，借势可以节省财力和物力，而且更容易为受众所接受，效果显著。成功的借势案例很多，如月饼厂家借助电影《山楂树之恋》热卖山楂月饼，蒙牛借助《超级女声》大肆销售蒙牛酸酸乳等。

（3）"搭船"战略。在经济全球化的背景下，企业国际化已是大势所趋。企业若想走出国门，参与国际化竞争，则需要选择一个好的国际化战略。对中小企业而言，它们没有足够的资源和实力开拓国际市场，就以通过为大企业提供配套产品及服务的"搭船"战略进入国际市场。这种战略可以帮助中小企业实现利益最大化，用最小的成本打出国际知名度。

（4）虚拟战略。"虚拟经营"法是指由企业掌握核心能力，而将非核心的业务外包出去或与第三方合作经营的一种方法。此方法能够节省企业的资源，实现资源利用的最大化。很多大品牌没有自己的生产工厂，它们的核心竞争力是设计，于是把生产业务外包给其他加工厂，从而实现上百亿元的年销售额。

（5）联合战略。联合战略是指两个或两个以上独立的经营实体横向联合成立一个经营实体或企业集团的拓展战略。由于单个企业尚不足以独立经营某一业务，难以实现规模效益，因此很多企业经营者会选择这种战略。通过这种战略，企业可实现资源的有效整合与合理调配，促进企业的发展，实现合作共赢。

1.3 愿景风险：没有理解为什么做

要想规避企业愿景不合理带来的风险，就要先清楚愿景是什么。影响中国管理十五人之一的吉姆·柯林斯曾在他的《基业长青》一书中提出："那些能够长期维持竞争优势的企业都有一个基本的经营理念，是这些公司发展中最重要的组成部分，这种核心理念就是企业'愿景'。"

企业愿景是一种经营理念，主要由企业的核心价值观、使命及未来目标构成。企业愿景对企业未来发展的方向和目标做了高度概括，是其创始人及员工所期待的企业最终形态的蓝图。简单来说，企业愿景就是对企业所有人员关于"为什么要这么做"的解答。

很多人认为，企业在初创阶段没有必要确定企业愿景，这个阶段的主要任务是想办法让企业生存下去，之后再考虑企业愿景的问题。这种想法其实是不正确的，很多创业者都忽视了企业愿景的作用。在创业初期，企业的战略、战术和愿景是缺一不可的。一个人要赶路，不管他选择哪种交通方式，都要先确定目的地才能继续前行。企业愿景就是企业发展的"目的地"，只有以实现企业愿景为前提，企业的战术和战略才有用武之地。

一个好的企业愿景应具备清晰、持久、独特、有价值、可接近五个特点。企业愿景是企业发展的核心驱动力。企业愿景缺失或不合理，可能会引发一系列连锁反应，给企业的发展带来风险和危机。

1. 企业愿景缺失，将导致企业战略重心偏移

企业愿景在企业战略中有着不可忽视的作用。企业愿景是一家企业的终极目标，而企业的战术和战略都是围绕企业的终极目标制定的，其目的就是帮助企业实现目标。因此，一家企业的战术和战略与它的愿景是息息相关的，企业愿景在一定程度上影响着企业战术和战略的实施。企业愿景对企业战术和战略的制定起引导作用，若企业愿景发生改变，那么企业的战术和战略也会发生相应的改变。若企业愿景缺失或不合理，那么企业的战术和战略就难以制定，战略重心也会发生偏移，影响战略的效果。

2. 企业愿景缺失，将影响企业人员管理

企业愿景是企业所有人员的一致目标，是将企业所有人员团结起来的强大凝聚力。一个良好的企业愿景，可以帮助员工了解企业的发展前景，使员工产生强烈的情感共鸣，提高员工的忠诚度，使其主动为实现企业愿景而奋斗。相比薪酬制度和绩效考核，愿景激励在激发员工积极性方面更胜一筹。"领导力大师"约翰·科特认为，愿景激励在领导力中发挥着巨大作用。企业如果没有良好的愿景，将会导致企业人员丧失斗志、积极性和团结性，给人员管理增加难度。

3. 企业愿景缺失，将改变企业的市场地位和价值

加里·哈默尔和普拉哈拉德在《为未来竞争》一书中写道："一种值得公司追

求的愿景能在根本上改变某个产业的惯例或竞争规则，重新划分产业之间的界线，或者开创新的竞争空间。"企业在市场中的地位与价值也会受到企业愿景的影响。通过市场效应，企业愿景可以在一定程度上向外界反映企业的发展状况，整合市场与企业的资源。若企业愿景缺失，将损失一部分企业与市场的信息交互，降低企业的竞争力和吸引力，从而改变企业的市场地位和价值。

1.4　危机感延续了公司的生命

一家企业（公司）想要获得长足的发展，创业者就不能没有危机感。

2021年3月，百度在港交所正式完成了二次上市。相比2005年在纳斯达克第一次上市时专注搜索引擎开发的单调，如今百度已经演化出语音、图像、知识图谱、自然语言处理等一系列人工智能技术，成为深耕人工智能领域的领跑者。

在这十几年里，百度经历过经济危机，经历过各种高峰与低谷。百度创始人李彦宏表示，这次二次上市，是百度的二次创业，要始终保持着创业者"朝不保夕"的危机感，要有在机会面前"临渊一跃"的求生欲和勇敢的心态。

企业遭遇危机的概率提升，使创业者不得不时刻保持危机感。

有危机感并非坏事。危机感对创业者来说，是企业生命延续的保证。每个成功的创业者都会强调危机感的重要性。任正非曾表示，十年来自己每天思考的都是失败，对成功视而不见。

对"摸着石头过河"的初创企业来说，面对瞬息万变的市场，危机感就像一座警钟，时刻提醒创业者审时度势、保持清醒、准确洞察、及时行动。一个缺少危机感的创业者，其企业也会缺少应对危机的意识和管控机制，一旦出现什么风波，很有可能被打乱发展节奏，影响企业稳定。一些大企业甚至可能因为一次小危机就面临溃败。

危机感可以促使创业者发现企业的问题和短板，并想办法解决和弥补，以此推动企业进步。创业者对企业的危机感，通常来自以下三个方面。

一是财务危机。资金是一家企业得以正常运营的基础，也是最能影响企业发展的因素。一旦企业的财务出现问题，创业者就会有严重的危机感。因此，在创业市场中流行着一句话：有危机感的创业者，不是正在融资，就是在去融资的路上。财务危机感可以敦促创业者加强对财务工作者的管理，促使创业者想方设法提升企业的竞争力，打造新的增长点，吸引投资。

二是人才危机。人才是企业发展的基石，人才的层次决定了企业发展的高度。随着人才竞争加剧，人才供求问题成了创业市场上的新问题，人才短缺和人才流失逐渐成为新的危机。为了应对人才危机，创业者需要快速提高企业的管理水平，完善人才管理机制，改善人才培训及福利体系，吸引并留住人才。

三是市场危机。随着市场上产品同质化问题日趋严重，行业竞争也越来越激烈。如果一家企业缺乏核心竞争力，那么企业的发展就会受到严重的威胁。市场危机感能够让创业者清楚地意识到竞争对手的存在。为了应对市场危机，创业者需要不断创新，增强产品的独特性，开拓新的市场，提升企业的竞争力。

1.5　每个员工都要有危机意识

危机意识是市场竞争的产物，但它并不是专属于管理者的。企业与员工是一荣俱荣、一损俱损的关系，企业要想获得长远稳定的发展，需要每个员工的共同努力。因此，每个员工也需要时刻保持危机意识。

员工的危机意识通常来自两个方面：一是个人的竞争压力，二是集体的竞争压力。

个人的竞争压力是由个人能力不足带来的危机。在企业内部，竞争压力是"我与其他员工相比优势在哪"。每个员工之间都存在竞争关系。一旦个人能力落后，就很有可能被企业淘汰。在企业外部，竞争压力是"离开了企业，凭我的个人能力能支撑我走多远"。行业内也存在竞争关系。如果个人能力严重不足，即便离开了原来的企业也会被其他企业拒绝，最终被整个行业淘汰。

集体的竞争压力是将整个企业所面临的危机向下传递、分解给每个员工，让他们"忧企业所忧"。在市场竞争中，企业与员工是一体的，"皮之不存，毛将焉附"，企业的未来就是员工的未来，企业遭遇的危机会严重影响员工的前途。

员工的个人危机感会促使他们为了不被企业和行业淘汰而不断学习与积累，以完善和强化自我，不断提高自己的技术水平和职业素养，从而创造更大的价值。员工的集体危机感则会促使他们培养责任感和团队意识，从而打造理想的团队精神。

正确地培养和树立员工的危机意识是管理者的任务之一。危机意识是清醒地认识到竞争和挑战，而不是盲目地恐慌和焦虑。危机意识只有经过合理的培养和引导，才能发挥出它的积极作用。要培养员工的危机意识，管理者可以从企业内部和外部两方面入手。

要想在企业内部营造紧迫感，可以建立末位淘汰机制。所谓"末位淘汰"，就是根据企业的实际情况制定一套针对员工的考核体系，通过考核和评估每个员工的能力，将处于末位的员工淘汰出局。现在很多企业都采用这种办法培养员工的危机感。建立末位淘汰机制的重要前提是公平公正，确保员工的能力得到及时、准确的评估，这样淘汰的结果才能让人心服口服。

企业内部的危机感培养，不能只靠淘汰机制营造紧迫感，还需要设置对应的奖励机制，给员工设定一个可接近的、具有吸引力的目标。奖励和淘汰机制互相配合，只有这样才能充分调动员工的主动性和积极性。

要想通过企业的外部竞争压力培养员工的危机感，就要时刻让他们意识到自己与企业是一体的，当企业遇到危机时，自己的收益就会相对减少，企业的市场反馈决定了自己的收益水平。管理者要通过外部竞争对员工施加压力，及时、迅速地向内部员工传达企业外部的紧张局势，包括竞争对手的动态、市场数据的变化、生产方式的革新等。员工只有在意识到市场竞争的残酷，以及企业的发展情况与自己的收益情况息息相关时，才会产生危机感。

员工的危机感是推动企业发展的重要动力。一家企业只有从管理者到员工，人人都具有危机意识，才能做好充足的准备迎接未知的机遇和挑战。

1.6 我们的竞争对手就是我们自己

对创业者来说，竞争并非一件坏事，有机遇就有竞争，有竞争就有进步。创业如同逆水行舟，没有进步就会被市场淘汰。在创业者眼里，处处都有竞争，即使暂时没有受到竞争的威胁，也要主动给自己设置一个竞争对手。

在创业路上，一个合适的竞争对手，一方面会给创业者带来压力，培养创业者的紧迫感和危机感，促使其不断努力，以求达到更高的水准，另一方面也给创业者设置了一个对照和参考的目标，为创业者提供了发展的动力，并让其能够对自己的发展水平进行评估。

在创业初期，很多创业者会急着寻找一个竞争对手进行对标。找到竞争对手固然重要，但他们很容易忽略一个重要的现实：很多企业不是被竞争对手搞垮的，而是被自己搞垮的。一家企业真正的竞争对手，其实就是企业本身。

不论创业者选择谁作为竞争对手，自己的水平和能力才是制胜的关键。创业者做出决策的理由不应该是"对方那么做所以我这么做",而应该是"我经过深思熟虑,认为这么做对企业有益,所以决定这么做"。简单来说,创业者做出决策的内在驱动力,不应该是其他人的行为,而应该是自己的实际情况。

1. 创业的终极目标是自我实现

找到竞争对手不是创业者的目标,而是达成目标的手段。创业的终极目标不是超越竞争对手,而是实现自己的愿景。在创业的过程中,竞争对手可以有很多个,不同的阶段面临着不同的挑战,就会有不同的竞争对手。假设一名创业者做的是电商业务,那么他就会面临不同方面的竞争对手,在配送速度、产品质量、售后服务等方面都会有竞争压力。当他达成了一个阶段性的目标后,就会有新的挑战,也会出现新的竞争对手。在与这些对手竞争的时候,赢得竞争并不是终点,将业务做大做强才是。因此,创业者不应沉湎于一时的胜利,而是要将眼光放长远。

2. 没人能够替你做决定

很多时候,创业者的一个决策能够左右企业未来的发展走向。向左向右,是生是死,都是由不同的选择决定的。选择和决策的权利,不是在竞争对手那里,而是掌握在创业者的手中。也就是说,能决定企业未来的人,不是别人,而是创业者自己。决策正确,企业得以发展;决策错误,后果自己买单。因此,在做出决策时,创业者需要三思而后行,充分考虑到各种可能的情况,选择最适合企业发展的道路。

3. 改变不了别人,但可以改变自己

在创业的过程中,创业者需要不断地挑战自己,不断地改变自己,根据形势不断地突破自己原有的思维习惯和方式。创业者不能惧怕改变,因为市场环境一直在变化,企业时常会面临变则通、不变则堵的局面。创业者无法改变外部环境,

无法改变竞争对手，因此只能调整自己的策略，让自己能够适应不断变化的市场。一家一成不变的企业注定会失败，只有改变自己才能走得长远。

4．抓住机会，时间不等人

马云在一次招生演讲中表示，每个创业者最大的竞争对手是未来。对于那些把未来当作挑战的企业家，机会刚刚开始。只有做足了准备，才能及时瞄准风口，抓住机会。马云在刚创业的时候，并不知道自己的竞争对手在哪，作为第一批"吃螃蟹的人"，他所能做的就是向前冲。互联网产业日新月异，错失一个机会就有可能掉队，甚至被市场淘汰。在这个追求时效性的时代，创业者往往无暇顾及竞争对手，抓住机会才是最重要的事。

第 2 章
Chapter 2

你的想法真的万无一失吗

　　互联网上有很多创业者通过创业"一夜暴富"的传奇故事，这导致很多创业者对一些所谓的创业"捷径"跃跃欲试。事实上，创业对创业者的要求很高。并非所有的创业者都能成功，因为有些创业者关于创业的想法是错误的。只有保证想法万无一失，才能创业成功，否则即使走上了"捷径"，最终也会因为想法有误而导致创业失败。

2.1　投机成不了富豪，只会倾家荡产

　　一个成功的企业家，一定要有野心。在开始创业之前，每个创业者都应该问自己一个问题：我希望自己的企业可以走多远，5 年？10 年？还是 50 年？

第 2 章
你的想法真的万无一失吗

在阿里巴巴的投资者大会上，马云曾经对这个问题做出过解答。他说，阿里巴巴的目标是持续发展 102 年，这样阿里巴巴就可以成为一家横跨三个世纪的企业。

不少创业者在最初创业的时候都有很大的野心，渴望把企业做大做强，希望企业拥有可持续发展的能力。要想企业能够持续发展，有一个很重要的前提，那就是创业者不能太爱"赚钱"。

诚然，一家企业的发展离不开盈利，但是如果把短期效益看得太重，创业者很可能走上投机式创业的道路，而抱着投机心理创业的人大多都会失败。风险越高、收益越大，这个说法绝不包括投机式创业。投机式创业不仅无法让创业者成为富豪，还有可能让其倾家荡产。

所谓投机式创业，就是缺乏严谨的思考和分析，缺少周密长远的战略规划，把希望寄托于侥幸和运气，渴望快速获得理想化结果的创业方式。投机式创业一般只为快速牟利，至于企业的后续发展，创业者则并不在意。这就导致投机式创业很难做出成绩。

小王的公司靠生产电子产品起家，因为产品优势很快在市场上打出了知名度。还没在电子市场站稳脚跟，公司的投机者发现服装家居产业风头正盛，利润可观。为了快速牟利，他们没有经过任何分析和研究就大举向服装家居市场进攻，生产出了一系列打着公司品牌旗号却与电子产品无关的商品。结果，公司不仅没能在服装家居市场取得成功，就连原本极具优势的电子产业也濒临破产。

互联网泡沫的第一次破灭摧毁了无数互联网公司，其中多是有投机倾向的企业。就在泡沫破灭的前夕，看似蒸蒸日上的互联网市场吸引了无数投机者加入。他们没有进行周密的分析和长期的规划，只是看中了互联网市场优越的前景就迅速投身其中。其中不乏由名校高才生组成的团队，他们手握大量资金却没有合理地使用，团队定位一直飘忽不定，最终导致创业梦碎。

在创业中，投机主义主要表现在几个方面。首先，投机者缺少自己的判断，看到什么产业红火就去做什么，盲目跟风。他们可能会凭借这股热潮小赚一笔，但一旦浪潮过去，没有规划的企业就会面临溃败。其次，投机者普遍把成功的希望寄托于合作者的身上，期望靠他们来解决自己解决不了的事情。但事实上，任何有所成就的企业，在一开始都是靠创业者自己开发出具有竞争力的产品的，只有这样企业的发展才有一个良好的开头。再次，投机者总爱过分放大运气的因素，把一切失败都归咎为运气不好、时运不济，而不是反思自己的错误。他们对于机遇也总是听天由命，而不是积极准备。这类人爱把运气作为一切的借口，逃避属于自己的责任。最后，投机者一旦遇到什么问题，最先想到的是逃避和放弃，而不是坚持和补救。

创业是一个需要脚踏实地坚持的过程，投机式创业往往目标难成。

2.2　一夜暴富概率小，厚积薄发是常态

在众多关于创业者的故事里，总是流传着几个"一夜暴富"的神话。总有人被这些神话吸引，加入创业大潮，做起了一夜暴富的美梦。但实际上，在创业的道路上，一夜暴富的概率是非常小的，厚积薄发才是成功者的常态。

当然，一夜暴富的故事并不是凭空产生的，而是幸存者偏差的结果。在数以十万计的创业者中，有一两个人因为各种各样的原因实现了一夜暴富，就足够吸引很多人投入创业大军中。网络上的各种教人"如何实现一夜暴富"的"软文"更是加剧了这种情况。

有多少创业故事被捧成神话，就有多少人落下神坛。曾经的创业明星王凯歆，

第 2 章
你的想法真的万无一失吗

在17岁的时候就成功得到了超过2000万元的融资，创办了自己的公司"神奇百货"。然而，仅在几个月后，"神奇百货"就宣布关闭。王凯歆虽然聪明，但是缺少经验，在做企业方面有很大不足，最终导致创业失败。

在一夜暴富神话的广泛传播之下，创业环境日渐浮躁和颓靡。人们总是希望通过某种途径实现一夜暴富的梦想，却不知道正是这种想法让他们离成功越来越远。

因为急于求成，创业者往往会选择一些门槛较低的领域来实现他们的暴富梦。然而，他们却忽略了一个问题，门槛低意味着参与人数众多，也意味着更加严重的竞争。没有资金积累的人很难杀出重围，浮躁的创业态度又让他们难以坚持和沉淀，最终只有败路一条。

成功没有捷径，而是需要多方面的积累和沉淀。每个成功的人背后都有几年甚至十几年的摸索历程。而那些侥幸尝到甜头的人，也会因为没有足够的积累而以失败告终。

首先是资金的积累。创业离不开资金，资金是创业的原始资本，如何挣到"第一桶金"是对创业者的考验。这里的"第一桶金"不仅是资金，也是一种业务经验。当企业成功挣到了"第一桶金"之后，就意味着它的运营模式已经初步通过了市场的检验。如果没有这种资金的积累，即使创业者成功地获得了大笔融资，也很难实现这笔融资的投入转化。

其次是人才的积累。有时候企业并不缺少资金，而是缺少优秀的领导人和团队，这也会带领企业走上一条错误的道路。成功创业需要一支强有力的队伍，这支队伍不是随便就能组合而成的，而是需要彼此之间全面的了解和长久的磨合。因此，在人才方面，创业者也需要有积累的意识。

再次是风险意识的积累。与其他人相比，创业者必须有更敏锐的风险意识，这就要求他们需要在平时的工作中更多地积累经验，做好风险把控。只有积累了足够的风险意识和应对风险的经验，企业在遇到风险的时候才有足够的底气去应对和控制。

最后是管理经验的积累。企业既要有资金，有人才，有应对风险和危机的准备，也要有运营管理的经验，只有这样才能实现稳定持久的运营，在遇到机遇时，创业者才能及时、准确地把握住。

成功需要一步一个脚印，不断克服艰辛才能得到。创业不能寄希望于一夜暴富，脚踏实地地积累和沉淀才是关键。

2.3　所有人都追逐的风口，已经很难赚钱了

雷军的一句"站在风口上，猪都能飞起来"俨然已经成为创业者信奉的一句名言。这句话看似给创业者指出了一条成功的捷径，但随着失败的教训越来越多，人们不得不承认，风口上的人太多，再想借助风力起飞就没那么容易了。人们趋之若鹜的风口，往往已经很难赚钱了。

"风口论"其实是投机思维影响下产生的创业方式。李彦宏在IT领袖峰会上表示："如果人人都想走捷径，每个人都采用这种方式，是很危险的。"现在很多创业者，创业的第一件事就是搜索风口在哪里，这是一种不好的习惯。各类媒体"软文"的鼓吹给创业者带来了一个错觉：风口等于成功的敲门砖，只要找对了风口就能赚大钱。

风口创业的胜者寥寥无几，一群人去追逐风口，往往只有一两个人能突出重围，更有甚者全军覆没。红极一时的团购、直播、网约车、共享经济等风口吸引了无数渴望通过追逐风口获得成功的人，但在经历了残酷的竞争后，一些没有竞争力的企业得到的只有惨痛的失败和教训。熊猫直播在破产之前是飞得最高的那

第 2 章
你的想法真的万无一失吗

头"猪"，一度跃居行业前三，拥有 20 亿元的融资和近百亿元的估值。之后，因经营不善，熊猫直播在短时间内走向破产的深渊。而共享单车市场则更为惨烈，多方势力入场角逐，最后的胜者屈指可数，大多数企业还是没有逃过破产倒闭和被收购的命运。

从创业热潮出现开始，创业风口年年更替，谁也不知道下一个出现的会是什么，又能持续多久。但众多创业者仍旧冲在各类资讯的第一线，试图先人一步，分一杯羹。

创业者之所以会在风口创业里受到重创，既有外部原因也有自身原因。

从外部环境来看，整个市场经济都在经历系统性的调整。问题不断爆发，风险不断累积，拐点不断叠加，导致风口的未来走向难以预判，创业市场瞬息万变，创业形式极为严峻。如果不能及时、准确地判断风口的动向并采取下一步行动，创业者就有可能被风口甩下。

从个人角度来看，由于风口创业对时效性的要求较高，大多数选择风口创业的人并没有做好充足的准备就急急忙忙地加入其中。区块链产业曾一夜爆火，许多创业者甚至还没搞懂区块链到底是什么就义无反顾地投入了这个新领域。对行业的无知和对暴富的狂热让他们无法预估可能遇到的风险，等到行业危机集中爆发时，他们再想脱身已然来不及。

除此之外，创业者还容易忽视和低估风口创业竞争的密度和强度。每个新的风口出现都有无数虎视眈眈的对手，数量和规模越大，竞争也就越激烈。能够成为一个风口的赢家，归根结底还是因为自己有强大的竞争力，如果自身实力不够，则很难在竞争中存活下去。即使幸运存活，作为后进者或"第二名"，也会一直被行业第一压制，难以形成自己的核心优势。

日本企业家稻盛和夫曾经历过日本房地产行业的兴盛，投资房地产给人们带来了空前的收益。那时很多人都劝他投资房地产，稻盛和夫却选择了坚持自己的路线。最终，房地产泡沫破灭，无数企业受到牵连破产倒闭，而稻盛和夫的企业则安然无恙。

热门的风口并不一定适合所有人，只有对自身和时局做好充分的了解，不断增强自身的实力和竞争力才是出路。

2.4 埋头苦干只能温饱，找对路才能赚大钱

在创业的过程中，有些创业者会遭遇一个问题，那就是自己已经很勤奋、很努力了，可企业的效益却迟迟没有提升，付出和收获不对等，严重影响了自己的创业积极性。这个问题充分体现了找对路的重要性，路线和方法没有找对，即便付出再多努力也很难见到效果。

有人埋头苦干几十年，让企业走上巅峰；也有人埋头苦干几十年，最后把企业干倒了。顺应风向不一定能够获得成功，但如果逆风而行则注定会失败。如果找错了路，努力就有可能成为绊脚石。

尽管在今天看来马云毫无疑问是成功的创业者，但他的创业之路并非一帆风顺。把马云的创业经历拆分成三个阶段，就可以发现"找对路"功不可没。

最开始，马云的创业方向是根据自己的专业和能力确定的。他在杭州创办了第一家专业翻译社：海博翻译社。"海博"是由"希望"的英文读音转化而来的，那时的马云拥有"大海一般博大的希望"。然而，第一次创业并没有给马云带来多少财富，他想象中的文字翻译工作的巨大潜力并没有得到发挥。

机缘巧合之下，马云在西雅图第一次接触到了互联网。敏锐的市场嗅觉让他意识到，在未来，互联网将是一个巨大的市场。于是回国后，马云开始了他的第

二次创业。他建立了"海博网络",开发了"中国黄页",实现了 B2B 电商模式的首次尝试。虽然因为种种原因,马云的第二次创业以失败告终,但这次经历让他积累了宝贵的经验,并再次确认了互联网市场巨大的可能性。

第三个阶段就是马云带着对互联网的强大信心创办了阿里巴巴,而最终的结果也没有辜负他的期望,阿里巴巴取得了巨大的成功。

马云的创业故事证明了找到正确的方向对创业者来说尤为重要。只要找对了路,创业就成功了一半。

要想找对路,有三个环节不能省略。

首先要进行观察,即观察"市场需要什么"。创业的产品最终要进入市场,就必须考虑市场的需求。只有收集了足够多的市场信息,对市场情况进行大量调研,才能总结出发展规律,找到具有发展潜力的空白市场。除了市场,创业者也需要观察竞品的情况,分析竞品的优势与劣势,评估竞争难度,决定是否参与竞争。

其次要对企业进行定位,即在市场需求的基础上甄选"我能做什么"。这一环节需要参考个人的专业领域、兴趣能力、资源积累等多方面因素。创业者需要从团队的情况出发,分析自身的优势,明确自己的市场定位,最终决定是否投入。

最后要积极行动。在试错成本可控的范围内,创业者需要决定进入市场的时机和方式,尽量多积累经验,在不断尝试中找到正确的方向。很少有人创业能够一次成功,但只有找对了方向,坚持和努力才有意义。

2.5　赚钱的运气需要积累,并非所有人都能"撞大运"

成功创业离不开运气。创业者中不缺少努力的人,但成功者的数量永远比努力者的数量少。有时候失败者并非技不如人,只不过是缺少了一点运气。

在雷军看来，小米之所以能够成功，与天时地利人和分不开。天时方面，小米团队赶上了发展的好时候。雷军说："小米开始做智能手机的时候，正赶上了我国手机市场一股轰轰烈烈的换代浪潮，智能手机逐步成为主流。我们赶上了这股潮流，占到了天时，这也是小米成功的最大原因。"地利方面，中关村的创业环境给雷军提供了很大的帮助。当时，中关村汇聚了无数人才，小米是站在巨人的肩膀上往前走的品牌。雷军在创办小米的时候，很容易就汇聚了很多大企业的精英，他们曾经在谷歌、摩托罗拉任职，有着丰富且宝贵的经验，这也造就了小米在人和方面的优势。

尽管雷军把小米的成功归结为天时地利人和这样看似无法掌控的运气因素，但创业中的"运气"，既不是虚无缥缈、难以捉摸的，也不会突然降临到某个人身上。创业中的"运气"，是一种能够以人的意志为转移的、可以人为积累和操控的"运气"。

"运气"不是凭空产生的，想要提高创业的成功率，就需要主动修炼自己的"运气"。只有当"运气"达到了成功所需的门槛时，创业者才会接近成功。

（1）提升自己。成功并非偶然，而是必然。它是一个量变引起质变的过程。每个成功者的背后都有许多故事，这些故事就是他们提升"运气"的资本。想要修炼"运气"，就要不断地修炼自己的能力，提升自己的业务水平和职业素养。创业者的能力是成功的必要因素，有能力的人可能会失败，但没有能力的人一定无法成功。提升自己各方面的能力，是修炼"运气"的必然要求。

（2）修炼敏锐的洞察力。人们常说的"天时"，其实就是好的、合适的时机。好的时机随机出现，不能为人所控，但能否抓住好的时机通常是由人的主观意识决定的。几个成功的互联网公司，如腾讯、阿里巴巴、百度、京东等，都是在1999年左右诞生的。这并不是什么巧合，而是因为在那个年代，这些互联网公司的创业者凭着敏锐的洞察力察觉到互联网产业在未来将大有可为，因此及时地抓住了机遇，抢占了"天时"。

（3）培养超前的行动力。创业要有胆有识，瞻前顾后、不够果断不是一个好的习惯。当机遇到来时，创业者不仅要能够意识到，也要能够捕捉到。抓住机遇，考验的是创业者的行动力。机遇不是针对某个人的，而是公平地出现在众人面前。行动力不如其他人，就会落后于别人，被迫成为后进者，面临更大的压力和更残酷的挑战，甚至就此错失良机。

（4）多次尝试。一次尝试失败的概率很大，但是尝试很多次，每次都失败的概率则较小。对于那些成功的创业者，人们通常只会关注他们的成功，却很少有人主动研究他们的失败。事实上，每个巨大的成功都是由无数的失败堆砌而成的，人们看到的是失败，但对创业者来说，他们收获的是宝贵的经验，而这些经验最终会帮助他们走向成功。

2.6　会赚钱的人不执着于错失的机会，只考虑眼前的问题

在 5G 技术登陆商用市场的时候，数码博主何同学的一条测评视频在短短三天内达到 2000 万观看人次。在视频里，何同学用一种巧妙的方式预测了 5G 未来的发展。他在搜索引擎里输入问题"4G 有什么用"，然后把提问时间设定在 2012—2013 年，也就是 4G 网络投入使用的前夕。结果发现，当时的人们根本没有预料到，当 4G 技术应用成熟以后，会催生出直播、移动支付、短视频等诸多新兴产业，而这些产业将在未来的市场上大放异彩。

站在今天看十年前，会觉得遍地都是错失的机会，但在当时的情况下，人们却很难看到这些机会，因为他们很难预料到十年后的市场会发生什么变化。因此，执着于过去是没有意义的。一定要说的话，过去那些错失的机会教给人们最重要的一个道理就是，把握当下，着眼于眼前。

人们不能改变过去，也很难预测遥远的未来，但可以把握好现在。

Zine 的创始人路意曾分享了自己的故事。路意最初的梦想和他最终所做的事情大相径庭。最开始，路意的理想职业是飞行员，后来因为种种原因被迫放弃了这个梦想，开始研究图像和视频编解码。有了这段经历，路意发现自己对编程感兴趣，于是开始自学编程。在掌握了一定的技术之后，他成功地入职了一家技术公司。就在他觉得所做的工作没有什么挑战性的时候，公司新设立了用户体验部门，路意想方设法争取到了进入用户体验部门工作的机会。在用户体验部门工作的六年里，其工作内容改变了路意的思维和习惯，让他萌生了创业的想法。最终，路意带领着团队成功开发了 Zine，并广受好评。

路意的创业之路一波三折，但归根结底，用他自己的话说就是，创业要"追随内心，把握当下"。

执掌中兴 30 年的侯为贵曾表示，对企业来说，"最好的战略就是做好眼前的事。中兴不追求大，企业经营要做到现金流第一、利润第二、规模第三。首先要保持自己的健康，然后科学、规律、合理地长大。"基于这样的战略，中兴越做越大，投资的产业涵盖多个领域。

过去影响现在，现在决定未来，创业者对待眼前问题的方式，都会在几年后的未来得到反馈。过去已经无法改变，只有把眼前的问题考虑好、解决好，把当下的每件事做好，才不会给未来的发展留下隐患。

牢牢地把握当下，就是要把自己的事业和生活掌握在自己手里，解决眼前最关键的问题。如果还没确定做什么，就不要放过每个机会，多去尝试，顺势而为。一旦确定了要做的事，就认真对待、全心全意，尽量将事情做到极致。在解决问题的过程中，培养自己的个人能力和核心竞争力，提高自己的水平。当每个人把眼前的问题解决好，把眼下每件事都做好后，新的机遇和方向自然就会出现。

第 3 章 Chapter 3
明确底层逻辑，跳出高风险陷阱

底层逻辑对于完成创新性和非创新性工作十分重要，创业当然也不例外。只要明确了底层逻辑，就能对所做的工作产生前瞻性的思考，明确自己努力的方向。对创业者来说，只有明确了底层逻辑，才能避开一些高风险陷阱，使创业的每一步都走得更稳。

3.1 寻找目标：把不是我的，变成我的

在创业中，有一种帮助人们快速做决策的方法几乎能够涵盖创业的整个过程，这个方法就是对标法。

所谓对标法，就是在不确定自己该怎么做的时候参考其他同行业的人的做法，

学习他们的做法和经验，把其他人的做法为自己所用。对标法是一种将"填空题"变成"选择题"的方法。在没有任何参考答案的前提下，做决策是一道没有依据的填空题，但当把经过其他人检验的做法一一列举出来并从中选择自己可以参照的做法时，做决策就变成了一道相对简单的选择题。对标法可以把不是自己的想法变成自己的想法。

对标，就是模仿，就是把别人成功的经验拿来用，让自己少走弯路。走别人走过的路比自己开辟一条路要更容易，成功的概率也更大。汽车评论家钟师曾说："每一个品牌的汽车，都经历一个从模仿到改进，再到自主设计的过程。"其实不仅是汽车行业，对标法几乎可以应用到任何行业。

对标不是把别人的方法原封不动地拿来用，因为每家企业的具体情况不同，因此同一套方法并非适用于所有企业。腾讯是运用对标法的高手，不仅利用对标法扩大了自己的产业，甚至有的产业还超越了原本的对标对象。

腾讯的QQ脱胎于ICQ，但腾讯没有盲目地复制ICQ的运行模式，而是考虑到了市场的实际情况，对自己的产品进行了创新。ICQ主要应用于经济发达的国家和地区，使用者多为有个人电脑的用户，因此ICQ把用户信息的存储路径设置为电脑。但QQ刚面世时面对的是个人电脑持有率较低的情况，那时候人们上网的主流途径是网吧，把用户信息保存在电脑上显然是不方便的。于是，腾讯从实际出发，将用户信息从电脑上转移到了服务器上，实现了即使在不同的电脑上登录账号也能保留好友信息的技术革新。最终，QQ取代了ICQ成为国内主流即时通信软件，并一路发展到今天。

同理，腾讯对标联众游戏推出了腾讯游戏，对标酷狗音乐推出了QQ音乐，对标支付宝推出了微信支付，对标淘宝推出了微店。每个对标产品都吸收了对方成功的部分，再根据自己的实际情况进行调整，打造自己的核心竞争力。与其他产品对标给腾讯指明了方向，根据实际情况进行创新则延续了腾讯产品的生命力。

在与其他产品进行对标的过程中,可以通过对比发现自身的不足和缺陷,从而进行弥补。

对标法不仅可以帮助企业借鉴对方的做法和经验,有时还能让企业收获一定的关注度。网易严选在刚推出的时候就被打上了"中国版无印良品"的标签,延续了无印良品"简约、精致、小众"的风格,试图走出一条"中式良品"的道路。在此之前,无印良品在中国市场已经小有名气,网易严选一经推出就获得了极高的关注度。这些关注度一部分来自无印良品的爱好者,另一部分来自关注"中日良品"竞争的大众。不管怎么说,这些关注度对一个新生的品牌来说是极为重要的。通过对标其他产品抢夺一定的关注度和人气,也是对标法的优势之一。

3.2 创新方法:为什么我的创新都破灭了

世界知识产权组织发布的《2020年全球创新指数报告》表明,在过去的一年(2019年)里,中国创新指数位列第14名,是综合排名前30的经济体中唯一一个中等收入经济体。由此可见,中国企业并不缺少创新。

现代创新理论的提出者约瑟夫·熊彼特曾说过:"创新是企业家对生产要素的重新组合,创新可促进企业组织形式的改善和管理效率的提高,从而使企业不断提高效率,不断适应经济发展的要求。"

企业的发展离不开创新,但并非所有的创新都有利于企业的发展。很多创业者都有相同的苦恼:自己对企业的某些方面进行了创新之后,新的模式不仅没有发挥出积极的作用,有时还会给企业带来重创,使企业陷入危机。

创新也是讲究方法的,方法用不对,创新就是灾难,对企业有害无利。

创业者在企业创新中犯的错误主要有两种:一种是把不该改变的东西"创新"

了，动摇了企业发展的根基；另一种是创新的内容和方向出现了偏差，做出了不利于企业发展的改变。

首先是企业发展中不能改变的因素。这些因素作为企业得以立足和发展的根基，很多已经通过了多重检验，是前人总结的经验，一旦改变可能对企业的运营和发展产生严重的负面影响。享誉全球的可口可乐曾经历过一次因"创新"而产生的危机。在交互式自动售货机还不发达的年代，时任可口可乐首席执行官的依维斯特向记者透露出一个消息：可口可乐正在研发一种智能自动售货机，这种售货机可以通过检测周围的气温，自动调整可口可乐的售卖价格。例如，到了夏天，当人们对可乐需求量大增的时候，售货机就可以对可乐进行涨价，从而提高可口可乐的收益。

本来根据季节调整商品价格是很常见的一种形式，但是可口可乐之所以能够拥有全球化的市场，其中一个原因是它的核心价值观保证了全球市场的一致性，使人们即使在不同的国家、不同的地点、不同的时间，也能喝到一样的可乐。然而，动态定价机制打破了这种一致性理念，使可口可乐的品牌价值观受到了冲击。果然，此事一经报道，人们骂声不断，以依维斯特离职、创新计划停摆而告终。

企业的核心价值观就是不可随意动摇和更改的根基之一。一旦企业创新涉及企业的根基，很有可能为企业带来毁灭性的打击。

而对于需要做出改变和创新的方面，创业者应该正确选择和判断创新的有效路径，只有这样才能确保创新对企业的积极意义。

曾经的手机行业巨头诺基亚在中国市场的占有率一度达到65%，如今在市场中的地位已大不如前。很多人说诺基亚败于不肯改变，但其实诺基亚也做了许多不为人知的创新。诺基亚在研发上投入的成本是苹果的四倍，然而由于没有与市场进行结合，没有考虑到市场的变化趋势，诺基亚的很多创新都沦为无效创新，被迫放弃了许多软硬件专利。例如，只有一个按键的、可以用来玩游戏和收发短信的智能手机，在第一部苹果手机问世的前七年就在诺基亚的内部进行过展出。然而，由于没有选择投放市场，诺基亚错失了抢占空白市场的好机会，在智能手机时代日渐衰落。

3.3 还原论：大多数事物的本质都是一样的

对标法之所以有效果，是因为它有一个经过检验的理论基础，即还原论。在哲学里，还原论认为任何一个复杂的事物都可以拆分成很多小部分。如果将这些小部分按原来的顺序进行组合排列，那得到的结果也会和原来的类似。

因此，如果一家企业想要通过对标法复制另一家企业的成功之路，就要把对方的成功原因拆分成一系列小因素，抓住其中的主要部分进行学习和模仿，在非主要部分进行创新，这样就能通过对标法取得想要的结果。

运用还原论对一家企业的成功原因进行拆分，就可以得到一些简单有效、方便执行的指令，方便创业者进行模仿与对标。

通过对标法进行决策，首要任务就是准确地找到对标对象，并且复制它的目标。寻找对标对象要从企业的实际情况出发，要寻找有过和企业现状相似经历的、有着类似目标并且已经达成目标的对象进行对标。对方已经达成这个目标，证明这个目标是可达成的。如果选择一个与企业现状相差过大，目标对目前的企业来说难以达成的对象进行对标，不仅会失去对标法原有的效果，还会影响企业内部人员的自信心和积极性。

假如创业者是零基础创业，那么就不能选择那些拥有千万创业资金的行业

创业风险管理
创业开公司必知的实操陷阱

"大咖"作为对标对象。因为他们的目标很有可能是年入千万元，而这对一家白手起家的初创企业来说是很不现实的，因此他们的成功路径和方式是没有参考价值的。

确定了对标对象并设置了合理的目标之后，下一步就要复制对方的流程并执行。在同样的初始条件下，对方既然能够达成目标，就证明了流程的可行性和有效性。这个时候创业者只需要对对方的流程和操作步骤进行简单的模仿，偶尔加入一些合理的创新即可。

某君回乡创业，看中了餐饮行业的广阔市场。他的本意是在家乡开一家肯德基、麦当劳这样的快餐店，然而这两家快餐店的加盟标准都比较高，他暂时达不到标准。在这种情况下，这位创业者转变了思路：为什么不模仿肯德基和麦当劳的经营模式，自己开一家快餐店呢？于是，他找了几位合伙人，模仿了肯德基和麦当劳的品牌定位、菜品种类、用户服务等经营模式，建立起了自己的快餐品牌。很快，他的自创品牌大获成功，成为当地小有名气的快餐品牌并开起了第一家连锁店。

除此之外，对标对象的管理模式也有可借鉴的价值。对标管理被看作是20世纪90年代三大管理方法之一，有几乎90%的强势企业都在使用这种方法。对标管理法是指通过与一流企业的管理模式进行比较来发掘自有企业的不足，学习对方的管理经验并弥补自身的缺陷，完善企业的管理机制，提高企业的管理水平。一家企业能够成功与它的管理模式是分不开的，因此想要复制一家企业的成功路径，就要同时复制它的管理模式。

正是因为大多数事物的本质都是一样的，一家企业的成功才有了被复制的可能。只有把一家企业的成功倒推成阶段性的、相互关联的步骤和流程，并且模仿着这些步骤和流程重新做一遍，才能复制这家企业的成功。

3.4 资源整合：天下万物不为我所有，但为我所用

资源整合是商业发展的一种常见模式和手段，它可以通过多种方式实现"天下万物不为我所有，但为我所用"。资源整合就是明确企业所拥有的和缺失的资源，通过调整和优化企业的经营战略及企业间的相互合作，来寻找和补足各方所需的资源的行为。企业通过整合各方资源，进行人员、市场、工具的合理再分配，可以达成多方互惠互利的效果。

以前人们在做生意的时候，没有意识到资源整合的重要性，通常只考虑自己的业务，损失了很多资源和机会。

企业之所以需要进行资源整合，是因为一个人或一家企业所拥有的资源是有限的，资源整合能够使有限的资源创造出最大的价值，实现现有资源的利益最大化。资源的合理整合，可以使各方所拥有的资源达到 1+1＞2 的效果。

一家企业的资源整合可以分为纵向整合和横向整合两部分。

纵向整合，即企业内部的资源整合。一家企业中有众多员工，这些员工分处不同的部门，有着不同的分工，各自拥有不同的资源。要做好企业内部的资源整合，就要确保企业内部各部门、各人员之间有明确的分工和协调的合作，实现各部门资源的有效整合，从而为企业的发展提供效益和潜力。除此之外，生产链上的各环节也需要进行资源整合，只有这样才能确保生产的畅通与快速，提高生产效率。

格力电器的两任董事长朱江洪与董明珠的合作就成功实现了企业资源的纵向整合。董明珠刚加入格力的时候只是一个销售员，朱江洪很赏识董明珠的业务能力，一路将董明珠从销售员提携到总经理的位置。朱江洪在技术和管理上有优势，为人低调，董明珠精通销售与市场，为人高调，两人合作互补，为格力电器带来了巨大的收益。

横向整合，即企业与外部的资源整合。一家企业所掌握的资源与它的业务方向有关，因此不同的企业拥有的资源也不同。企业与企业之间可以通过合作、外包等模式进行资源整合，各取所需。横向整合是商业市场中一种很常见的行为。企业间通过这种方式将各自的优势资源进行共享，使双方的资源得到最大限度的有效利用。

市场上经常用到一种名叫"联名"的商业模式。联名一般指品牌与品牌、品牌与 IP 或品牌与个人互相联合打造出一款新产品，这款新产品通常会集合作双方的品牌特色于一身，目标人群涵盖品牌双方的受众。例如，漫威 IP 与优衣库推出的联名款服装、大白兔奶糖与气味图书馆推出的联名款香水、耐克与 NBA 明星乔丹的合作等。联名是一种资源整合的方式，可以使联名双方的资源利用最大化。

资源整合的目的是资源共享，因此资源整合的前提是整合双方或多方具有独特的优势资源，只有这样才有参与资源整合的资格。在挑选整合对象时也要考虑对方的资源与自己企业的适配度，要抓取自己所需的资源，让对方的资源能够为自己所用。

创业者缺少什么资源、想要什么资源，可以通过以下两种方法来判断。

1. 找出所需的上下游资源

假设一家制造企业的上游需要的是产品研发、原材料等资源，下游需要的是客户、品牌、物流等资源，这些相配套的上下游资源就是该企业缺少的、想要的资源。

2. 列出资源表，看看自己需要什么

在企业发展的过程中，创业者需要的资源包括客户群体、技术、品牌与渠道、产品、人力、资金与设备等。但以上这些资源不可能每个创业者都拥有，即使拥有，也很难均衡。因此，创业者要做的就是将这些资源列成一个资源表，

直观地了解自己在某一阶段资源整合的重点是什么，找到自己所拥有的更有优势的资源。

除了要列出缺少的资源，创业者还要在资源表中为资源定性，确定自己的哪些资源可以作为筹码与其他人的资源进行互换，用自己的优势资源来弥补别人的劣势，再用别人的优势资源来弥补自己的劣势，形成一种资源互补。只有制订运用资源的方案，方可实现资源的价值最大化。

3.5 异业联盟：你的产品就是我的产品

异业联盟是企业资源整合的一种形式，指的是不同行业、不同层次或同行业、不同层次的商业主体组合而成的利益共同体，是在大企业、大品牌垄断地位的冲击下，小企业、小品牌为打造一定的规模效应，联合起来，积弱为强，扩大生存空间的一种手段。联盟中的各商业主体之间在联盟外也许存在竞争关系，但在联盟内则坚持以互利共赢为最高目标。

异业联盟的关键在于联盟中的各商业主体要有利他思维，把别人的产品当作自己的产品，把自己的顾客当作别人的顾客，互相分享客户资源。联盟中的各商业主体只有合为一体，才能实现合作共赢。

异业联盟主要有三种模式：渠道异业联盟、产品异业联盟、营销异业联盟。

渠道异业联盟是指通过某个客流量较大、渠道曝光度较高的商家为另一个商家进行引流的模式。企业采用渠道异业联盟可以实现同一渠道的资源共享。例如，与医美机构相比，美发机构是客流量较大、顾客光顾频次较高的一方，那么医美机构就可以与美发机构进行渠道异业联盟。顾客在美发机构消费满一定金额后即可获赠一张医美机构的体验券，这样顾客在美发之后就会愿意去医美机构体验。

医美机构可通过这种方式实现同一渠道的客源转化，给自己增加客流量。

产品异业联盟是指在某一产品的消费环境里提供另一种产品的消费和体验机会，刺激顾客进行二次消费的模式。例如，销售母婴用品的商家就可以和家政公司的月嫂服务进行合作，由销售母婴用品的商家提供月嫂服务所需要的产品。顾客在消费月嫂服务的同时，也会用到母婴用品，大大提高了母婴用品的使用率和曝光度。如果顾客在使用过程中认为这个产品的使用感很好，就会主动寻找销售母婴用品的商家进行购买，这在无形中实现了客源的转化。

营销异业联盟是指联盟商家互相在对方的产业中提升自己产品的广告覆盖率，用营销手段互相推广，提升彼此的市场价值的模式。例如，在烧烤店内投放健身房的广告海报和宣传手册，顾客在等待菜品的时候随手翻阅，就实现了健身房在烧烤店内的推广。顾客在吃烧烤时看到健身房的宣传广告，很容易产生健身需求，推广效果十分理想。

异业联盟作为商业合作中常见的一种形式，有着其独有的优势。首先，顾客的信赖感会发生转移。因为顾客对联盟中的某一商家具有信赖感，所以对联盟中的其他商家也更容易接受。相比其他从没接触过的商家和产品，顾客更乐意接受自己所信赖的对象的推荐。其次，由于在异业联盟中各商家不存在竞争关系，大多根据顾客的消费习惯开展联盟，因此目标人群高度重叠。目标人群与联盟商家的匹配度较高，顾客的命中率和转化率就相对较高。最后，异业联盟所需要的成本和承担的风险较低，联盟商家只需要提供自己的优势产业相互借势即可实现客源转化和资源整合。

较低的投入成本和较高的回报率使异业联盟成为性价比极高的资源整合形式，很多中小企业有资源整合需求时，会选择异业联盟作为首选方案。

3.6 跨界：做百业事赚百业钱

跨界的本意是一个事物保持主体不变，从一个领域转移到另一个领域中运作。跨界行为发生在众多领域，如今，"跨界"作为一种资源整合的方式出现在了商业活动里。

跨界可以扩大一家企业的业务涵盖面，提高其市场占有率。同一家企业可以通过跨界开展众多不同的业务，抢夺不同层面的客户资源。通过跨界，企业可以打破不同消费场景的壁垒，打造全新的消费生态系统。

跨界模式可以分为单企业跨界和多企业跨界。

单企业跨界是指同一家企业在不同的行业和领域开展业务。当成熟的大企业有了足够的资源和能力后，就会有意识地进行跨界演变。小米不仅在手机产业上有所成就，还进军了智能产业，卖起了智能家居；海尔不再满足于电器市场，开始向汽车产业发展；而以网约车起家的滴滴则开启了滴滴骑手业务，试图在外卖跑腿市场分一杯羹。

多企业跨界通常以合作的形式出现，一些企业由于缺少强大的资金和技术支持，难以独立向其他领域发展，就选择与其他领域的企业进行合作，通过这种方式实现跨界。其中最常见的方式就是推出"联名款"。例如，网易游戏与餐饮品牌进行跨界合作，从饮料行业定制角色台词瓶到快餐行业推出游戏福利专属套餐，通过这种跨界合作的方式打破次元壁，聚合目标人群进行造势，为合作双方拓展用户开拓了新渠道。除此之外，还有游戏《王者荣耀》与美妆品牌MAC、服装品牌太平鸟与餐饮品牌喜茶、美妆品牌完美日记与大都会艺术博物馆等火爆一时的联名活动。跨界联名通过跨不同的"界"、联不同的"名"，实现资源互换与整合。

企业在进行跨界合作的时候，还要考虑到"界"与"界"之间的冲突感和关联性，这就不得不提到两种跨界的类型：一种是基于企业内部生态系统的关联性跨界，另一种是基于企业外部发展需求的多元化跨界。

关联性跨界是指企业虽然在不同领域发展业务，但这些领域之间具有较强的关联性的跨界方式。例如，阿里巴巴的淘宝和支付宝，虽然分别涉足电商和金融服务，但二者之间相互依存，不可分割，关联性极强。小米打造的智能家居生态链也属于关联性跨界，虽然其投资的企业都是独立经营的，但设计和生产的标准都是根据小米的规则制定的，对小米的销售渠道具有较强的依赖性。由于企业生态链相对成熟，关联性跨界更容易取得成功。

多元化跨界则是一种去关联性的跨界，是一种类似于"另起炉灶"的跨界方式。这种跨界方式所涉足的领域关联性较弱、独立性较强。例如，海尔跨界制造新能源汽车，汽车产业与海尔主营的家电产业并没有太大的关联性，因此海尔的跨界属于多元化跨界。多元化跨界由于产业之间反差较大，可以打造新鲜感、增强吸引力、提高关注度。但因为产业之间的关联性较弱，许多资源无法共享，因此多元化跨界的难度明显高于关联性跨界。

不管选择哪种跨界方式，都要求创业者做好充分的准备，因为一时冲动或跟风而选择跨界往往难以达到理想的效果。

3.7 "猪买单"模式：花别人的钱，办大家的事

在传统商业模式里，人们的理念是"羊毛出在羊身上"。羊毛指的是利润，也就是说，想要获得利润，首先要投入成本，生意人获得多少利润取决于投入多少成本。

然而，随着市场的变化，在互联网商业模式里出现了一种新的说法："羊毛出在狗身上，猪买单。"相比传统商业模式的买卖双方，这种"猪买单"模式加入了

第 3 章
明确底层逻辑，跳出高风险陷阱

第三方——买单的"猪"，使原本由两方建立和参与的交易系统变成了三方甚至多方共建的商业模式。

什么是"羊毛出在狗身上，猪买单"呢？羊毛依旧指利润，然而这里的利润却出在了"狗"的身上，也就是由消费者来承担这笔利润；而为交易买单的"猪"，也就是参与交易系统的第三方，是产品供应商或广告商。这种模式与传统商业模式相比，特殊在参与交易的每一方都保全了自己的利益，觉得自己赚了，交易各方皆大欢喜。

有两个例子可以更好地帮助大家理解这种商业模式。

老李辞职后经过考察选择做果汁生意，他先打听到全国最大的果汁经销商是台北果汁，又打听到较先进的果汁生产设备是德国果汁机。于是，老李先去找德国设备厂进行洽谈，凭借"自己的合作伙伴是全国最大的果汁经销商"的说法与德国设备厂达成了合作，又借着"自己拥有德国生产的高端设备和技术"的说法与台北果汁达成了合作。最终，三方协定由德国设备厂提供 3000 万元的设备，由台北果汁进行果汁的销售，由老李提供人力、物力和场地。

人力、物力和场地又该怎么解决呢？老李想到和水果生产地的政府谈投资建厂。果汁厂建立起来之后，不仅能为当地增加就业机会，还能增加一大笔税收。当地政府欣然同意，批给老李一块地，又放宽了银行贷款标准。就这样，老李的果汁厂办了起来。在这个过程中，老李既不需要付出过多的成本，又确保了各方的利益，这就是"猪买单"模式的精髓。

商业本质上是多方获利的行为，交易就是通过资源的整合与再分配各获所需。"猪买单"模式深入挖掘了商业多方获利的本质，并以此为标准和依据进行商业活动，确保了在一场商业活动里任意一方都不承受损失。

在买车的时候，有很多销售顾问会给客人推荐分期购车，在分期的基础上还有各种优惠活动。分期购车既能减轻金钱压力，还能便宜不少，客人一听觉得很划算就同意了。普通人会觉得车的价格不变，给客人优惠那么多，对4S店来说这是一笔亏本买卖。

商家真的亏了吗？

俗话说，只有买错没有卖错。商家这么做自然有其道理。假设一台车全款10万元，分期购买可以便宜1万元，只不过分期需要购买车险，手续费及车险为原价的5%，按揭服务费为原价的3%，这笔账算下来客人还是比全款购车便宜了2000元。

那么，商家真的亏了2000元吗？当然不是，商家除车款外，还能收到3%的服务费、3%的银行返点、2%的保险公司返点、3%的厂家返点，算下来比客人全款购车还多赚了1000元。

客人分期购车，认为自己赚了2000元；商家分期卖车，认为自己赚了3000元。交易双方都很满意，这就是"猪买单"模式的优势：花别人的钱，办大家的事。

3.8 众筹：众筹不是筹钱，是筹人

众筹是时下很流行的一种商业资源整合模式。很多创业者在人手不足、资金紧缺的情况下会选择这种方式来创业。众筹经济起源于其他国家的网络平台，初始模式为由有经济能力的人出资帮助那些有创造力的人实现他们的想法。在这种模式下，融资的来源由各大投资机构转移到了大众身上，因此应用得较为广泛。

作为开拓了融资新渠道的融资模式，众筹具有以下几个独特的优势。

首先，众筹的门槛较低。对众筹参与者来说，众筹实现了去中间化，将融资

的主要来源由投资机构转向了普通人，使每个人都有直接参与融资的权利，因此对普通群众有着强大的吸引力，撬动了底层的资金。对众筹发起者来说，与周期长、标准高、流程复杂的传统融资模式相比，众筹的周期较短，流程也比较简便，因其低门槛的特征提高了普通人的参与度，使融资能够轻松、方便、快速地达到预定目标。

其次，对众筹发起者来说，众筹的融资风险比传统融资模式要小得多。一般情况下，众筹对于众筹参与者的回报多以实物或服务为主，不把股权或资金作为回报。这样人们在参与众筹的时候，更多是以购买商品或服务而非投资的形式完成。众筹发起者在收到众筹资金后不必担心因项目失败而难以向投资人交代。

最后，众筹可以作为一种营销手段对企业进行宣传，提升企业的知名度，吸引潜在客户和投资人。众筹的过程是对企业和项目进行详细展示的过程，而对一家刚起步的企业来说，这样全面展示的机会很稀有，且开销巨大。众筹通过一种低成本的方式，帮助企业完成了面向大众的宣传和推广。

黑龙江省农垦总局团委曾联合北大荒粮食集团，在京东商城推出了"一餐米"众筹项目。众筹的目标是30天达到10万元，每个参与众筹的群众都可以获得北大荒粮食集团提供的一袋"一餐米"加一瓶天然弱碱水，即磨即发。

这次众筹尝试将互联网、金融、农业进行了有机结合，推动了传统农业机构的转型与升级。

众筹想要取得理想的效果，有几个关键点需要注意。

首先，众筹需要有一个意见领袖。一个优质的意见领袖可以建立起信任，让众筹参与者消除不信任的心理，参与众筹。如果一个人不信任你，他就不会放心地把他的钱和资源交给你。另外，意见领袖也可以带动一批"粉丝"行动起来，而众筹模式的本质就是一种依靠粉丝效应的社群经济。

其次，众筹需要有一个理想的团队。如果把合伙人入伙也理解为一种众筹，那么只有选择正确的合伙人，企业和项目才能得到正确的发展。选择合伙人的依据不是看对方有多少钱，而是看对方的技术和资源。只有资源到位了，众筹才有意义。

最后，众筹需要有明确的收益与回报。只有当人们看得到项目的盈利模式与现金流时，人们才会主动参与众筹，放心把钱交给众筹发起者。只有将项目的持续发展潜力展示出来，才会吸引更多的潜在投资人和潜在合作对象。

众筹模式筹集的不仅是金钱，还有资源、人力、客户等，而这些才是一家企业得以发展的重要因素。

| 第 2 篇 |

注册风险

第 4 章
Chapter 4

注册风险：没开始就结束并非小概率事件

注册公司是创业的第一步，也是创办一家公司的开始。很多人没有注意到，公司在注册的过程中也会遇到很多风险，而这些风险如果没有得到有效的解决，很有可能导致公司在后续的发展中出现严重的危机。因此，创业者需要避开注册过程中的一系列风险，给自己的创业之路开一个好头。

4.1 相似的注册名称可能侵权

在明确了公司的业务之后，创业者的下一个任务就是给公司取一个合适的名称。名称是一家公司的身份象征，是公司在对外交流时得以与其他公司区分开的标志。公司的名称会伴随公司未来的发展，因此一个合适的名称对一家公司来说十分重要。取名是创业者在创业的过程中不可小觑的一环。

《企业名称登记管理规定》第六条规定:"企业名称由行政区划名称、字号、行业或者经营特点、组织形式组成。跨省、自治区、直辖市经营的企业,其名称可以不含行政区划名称;跨行业综合经营的企业,其名称可以不含行业或者经营特点。"

根据这条规定,公司的名称一般由公司所在地的行政区划名称、字号、行业或者经营特点、组织形式四部分组成。例如,北京百度网讯科技有限公司,"北京"是其所在地的行政区划名称,"百度"是它的字号,"网讯科技"是它的行业特点,"有限公司"则是它的组织形式。其中,字号作为公司与其他公司相区别的直接标志,在确定的时候尤其需要慎重。

创业者在给公司取名时需要注意,如果一家公司的注册名称与其他公司过于相似,就有可能构成侵权,甚至构成不正当竞争。

《企业名称登记管理规定》第四条规定:"企业只能登记一个企业名称,企业名称受法律保护。"也就是说,一旦公司的名称存在侵权问题,公司不仅要接受登记主管机关的处罚,还要赔偿被侵权公司的经济损失。

想要规避这些纠纷,就要依据相关的标准和法条判断公司的名称是否合理,是否会构成侵权及不正当竞争。

《中华人民共和国反不正当竞争法》(以下简称《反不正当竞争法》)第六条规定,"经营者不得实施下列混淆行为,引人误认为是他人商品或者与他人存在特定联系",包括"擅自使用他人有一定影响的企业名称(包括简称、字号等)、社会组织名称(包括简称等)、姓名(包括笔名、艺名、译名等)"。法院在进行审理时,依据诚实信用、保护在先权利和维护公平竞争的原则,会考虑公司的注册时间,公司的知名度与影响力,后注册公司是否具有主观恶意、是否容易造成他人混淆等因素进行判决。

除此之外，《中华人民共和国商标法》（以下简称《商标法》）第五十八条规定："将他人注册商标、未注册的驰名商标作为企业名称中的字号使用，误导公众，构成不正当竞争行为的，依照《中华人民共和国反不正当竞争法》处理。"如果后注册公司的名称与先注册公司的商标过于相似或相同，也有可能构成不正当竞争。因此，创业者在给公司取名时，应当主动规避与具有知名度和影响力的公司的名称及商标相似或相同的情况。

4.2 注册金额越高越好吗

公司的注册资金即公司的注册资本，就是公司在登记注册时其股东或发起人实缴或认缴的出资额，是一家公司在注册成立的过程中不可缺少的环节。公司的注册金额是多少合适、有什么判断标准、对公司有什么影响、是否与公司需要承担的风险有关，这些都是创业者需要考虑的问题。

现行《中华人民共和国公司法》（以下简称《公司法》）中已经没有了有关公司注册资金最低限额的规定，同时也不再限制全体股东或发起人的首次出资比例、货币出资比例和缴足出资期限，这就意味着国家放宽了公司注册的要求，鼓励创业者开办公司，自主创业。在对注册金额没有明确要求的条件下，大多数人都会认为公司的注册金额越高越好，事实真的是这样的吗？

一般情况下，人们很容易将一家公司的注册金额和公司的经营实力联系起来，认为注册金额越高的公司其实力就越雄厚。有时一些行业对申请经营许可证和申请参与竞标的公司也有一定的注册金额要求，只有达到了规定的额度，才能通过审核。但其实公司的注册金额并非越高越好，有时注册金额过高还会给公司带来

第 4 章
注册风险：没开始就结束并非小概率事件

一些风险。

首先，公司的经营实力与公司的注册金额并不成正比。2014年3月以来，公司的注册资金开始实施"认缴登记制"，即公司直接向市场监督管理部门进行登记就可开展经营活动，不需要再进行验资，也不需要再审查"验资报告"。这取消了注册资金实缴的最低限度和期限，使"一元公司"在理论上成为可能。在过去，高额的注册资金是开办公司的先决条件，只有达到足够的注册金额，创业者才有资格开办公司，因此人们习惯性地将注册金额与经营实力联系起来，认为注册金额越高，其经营实力就越强。在当前的法条环境下，由于不再限制公司注册金额的最低和最高额度，有实力的公司也可以凭借较低的注册金额创立。公司的经营实力与注册金额的关联度有所降低，仅凭注册金额判断公司的经营实力是不准确的。

其次，公司的注册金额过高也会给公司的经营带来税务问题。公司的税额一般是按照注册金额的百分比来缴纳的。假设印花税按照公司注册金额的万分之五进行收取，一家公司的注册金额是100万元，公司完成实缴需要缴纳的印花税就是500元。如果一家公司的注册金额达到1亿元，那么完成实缴需要缴纳的印花税就是50 000元。公司的注册金额越高，所需要缴纳的税额就越多。过高的注册金额可能让公司承担不必要的开销。

另外，在"认缴登记制"的条件下，如果公司的股东或发起人的认缴金额设置过高，无法在认定期限内完成缴纳出资，那么未缴出资部分的贷款利息就不能在计算企业所得税时作计税成本扣除，增加了公司的税务风险。

公司的注册金额过高，有时也会给公司带来债务风险。公司的股东或发起人以其认缴的注册金额对公司承担责任，一旦公司经营不善导致破产产生外债，公司的股东或发起人就需要偿还债务。假设一家公司有1000万元的债务需要偿还，如果公司的注册金额只有100万元，那么公司的股东或发起人只需要根据100万元的出资额度承担责任,但如果公司的注册金额高达 1000 万元,那么公司的股东或发起人就需要承担 1000 万元的责任。

由此可见,一家公司的注册金额并非越高越好,过高的注册金额可能带来难以预料的风险。因此,选择注册金额时需要根据公司的实际情况决定。

4.3 商标被抢注,有苦难说出

一家公司的商标和它的名称同样重要,两者相辅相成。商标既是公司身份的象征,也是公司有效区别于其他公司的标志。创业者在注册公司名称的同时,应当将公司的商标也一并进行注册,这样可以有效避免自己的创意被其他人使用,也就是商标被抢注的尴尬局面。

如果公司的商标没有经过注册,那么该商标就不受法律的保护,其他人就可以随意使用这个商标。而公司的商标被其他人滥用甚至被抢注,很有可能给公司造成损失,带来风险,危及公司的正常运营,为公司的发展埋下隐患。

广药集团与加多宝公司就曾经卷入了商标纠纷。王老吉是广药集团旗下的品牌,加多宝公司在进入内地市场时,通过租赁的方式从广药集团获得了王老吉这个商标的使用权,并用作凉茶的品牌经营。在租赁合同到期以后,广药集团与加多宝公司就签订的协议产生了纠纷,最终双方对簿公堂。由于王老吉的商标注册在广药集团的名下,法院最终判决广药集团如期收回王老吉的品牌经营权,并判决加多宝公司赔付广药集团一定的费用。但由于王老吉的火爆主要得益于加多宝公司打下的基础,因此使用权和经营权被收回后的王老吉失去了竞争力,没有得到理想的发展,最终两败俱伤。

公司的商标被抢注,会给公司带来许多负面影响。

第 4 章
注册风险：没开始就结束并非小概率事件

首先，如果公司的商标被抢注，那么公司在使用这个商标时，就会不自知地产生侵权行为。注册过的商标就如申请过专利的技术一样，其所有权为注册者所享有。其他人在使用时如果没有获得授权，就会造成侵权，需要承担责任。尽管商标的创意是自己公司的，但是如果商标的所有权在其他人那里，公司就不可以随意使用，甚至还要对抢注者进行赔偿。

其次，如果公司在注册商标之前已经使用这个商标进行过经营活动，并且已经具有一定的知名度和影响力，一旦商标被其他人抢注，而抢注商标的人生产出一系列粗制滥造或假冒伪劣的产品，并利用商标原本的知名度和影响力进行售卖，将会严重影响原公司的声誉，扰乱正常的市场竞争。

最后，如果公司的商标被抢注，将有可能导致公司蒙受巨大的经济损失。如果公司注册了商标，那么以这个商标为主体展开的一系列周边产业所获得的收益将有很大一部分属于注册公司。如果公司没能及时注册商标，把商标的所有权拱手让人，那么这部分收益也会随着商标的所有权一起转移到其他人的手中，使其他人获得了本该属于公司的利益。小猪佩奇的商标及著作权权利人娱乐壹英国有限公司就表示，由于一开始没有重视中国市场，小猪佩奇的商标及相似商标在中国被多家公司注册，仅在中国，小猪佩奇相关的庞大产业链就使版权所有者损失了数千万美元。

《商标法》第三十二条规定："申请商标注册不得损害他人现有的在先权利，也不得以不正当手段抢先注册他人已经使用并有一定影响的商标。"公司的商标被人恶意抢注，虽然有一定的概率能够迫使对方撤销注册，但势必会消耗大量的财力和物力。因此，想要避免商标纠纷，就要在开办公司时及时注册商标，在源头上掌握商标的使用权。

4.4 注册后长期不经营可能被吊销营业执照

一家公司经过了登记注册，申领了营业执照，就算正式"开业"了。有的经营者由于准备不充分或其他原因，在申领了营业执照之后迟迟没有营业。如果一家公司在一段时间内既不经营也不注销，就有可能被吊销营业执照。

《公司法》第二百一十一条规定："公司成立后无正当理由超过六个月未开业的，或者开业后自行停业连续六个月以上的，可以由公司登记机关吊销营业执照。"也就是说，如果一家公司注册后连续六个月没有经营活动，就会被吊销营业执照。

一家公司一旦开始营业，就需要向税务局进行报税，不能以没有业务为由拒绝申报。对于暂时没有实际业务的公司，可以选择进行"零申报"。"零申报"主要适用于刚开业还未开展实际经营的、或准备注销正在清算的公司。这些公司因为没有开展业务，在纳税申报的所属期内没有发生应税收入，所以当期申报数据全部为0。税务局对于公司"零申报"的标准是：对于增值税，小规模纳税人应税收入为0，一般纳税人当期无销项税额，且无进项税额；对于企业所得税，纳税人当期未经营，收入/成本基本为0；对于其他税种，计税依据为0。如果公司满足以上标准，就可以选择"零申报"。公司没有业务，可以选择"零申报"处理，但不能不报税。

但"零申报"并非长久之计，一旦公司"零申报"处理时间超过六个月，就会被视为长期"经营异常"，可能被吊销营业执照。

公司一旦被吊销营业执照，就会面临许多严重的后果。

《公司法》第一百四十六条规定，"有下列情形之一的，不得担任公司的董事、监事、高级管理人员"，包括"担任因违法被吊销营业执照、责令关闭的公司、企业的法定代表人，并负有个人责任的，自该公司、企业被吊销营业执照之日起未逾三年"。也就是说，如果公司被吊销了营业执照，那么公司的法定代表人等对公司违法行为负有个人责任的人，在三年之内不能担任其他公司的董事、监事、高级管理人员。

除此之外，公司被吊销营业执照，后续需要进行组织清算，这一义务需要由出资人或有限公司的股东来履行。《最高人民法院关于适用〈中华人民共和国公司法〉若干问题的规定（二）》第十八条规定："有限责任公司的股东、股份有限公司的董事和控股股东未在法定期限内成立清算组开始清算，导致公司财产贬值、流失、毁损或者灭失，债权人主张其在造成损失范围内对公司债务承担赔偿责任的，人民法院应依法予以支持。"

公司被吊销营业执照之后，营业执照公章、合同专用章等物品也需要缴回原登记机关，没有及时缴回或继续使用可能被依法追究刑事责任。

一旦公司的营业执照被吊销，就会带来许多麻烦。一些麻烦如果没有解决到位，公司及其相关责任人就有可能被列入市场监督管理局、税务局的"黑名单"，作为警示信息实行分类监管，对个人的后续事业开展非常不利。

4.5　缺少行业资质证书连开门营业都难

一家公司想要开门营业，不是登记注册完毕就可以了。有些行业对从业人员的资质有着严格的要求，因此想要开门营业，行业资质证书是必不可少的。

行业资质是证明公司符合相关法律法规要求，具有从事某一职业的技术和能力的标准，行业资质证书就是证明公司具有行业资质的相关文件。一般情况下，公司资质分为两种：一种是经营类资质，如企业法人营业执照、税务登记证、生产许可证等；另一种是能力类资质，比如公司获得的由政府部门、专业机构、行业协会等颁发的资质证书，如软件集成商资质、工程专业承包企业资质等。

在实际操作中，任何一家公司想要营业都需要经营类资质证书，但并非每家公司都需要能力类资质证书。一些对从业人员的能力及技术要求比较高的行业对能力类资质的要求也比较高。公司的经营范围通常分为"一般经营项目"和"许可经营项目"，后者想要开门营业，就需要办理相关的行业资质证书。如果没有行业资质证书就开门营业，一旦被查明就有可能面临巨额罚款，有时还会被吊销营业执照。

例如，在互联网行业中，涉及开办经营性网站的公司需要办理"经营许可证"；运营在线视频、音乐、图书的网站需要办理"互联网出版许可证"及"网络文化经营许可证"；涉及电商业务则需要提供所贩卖物品的相应资质，如果商城中贩售食品，就需要办理"食品经营许可证"等。

除互联网行业外，也有很多行业需要具备行业资质。从事餐饮行业需要办理"食品经营许可证"和"卫生许可证"；从事零售行业需要提供所贩卖物品的相应资质；从事医疗行业需要办理"医疗机构执业许可证"；生产保健器械的企业、线下药店需要办理"药品经营许可证"；从事股票类金融行业需要办理"证券投资咨询业务资格证书"；从事建筑行业需要办理施工总承包、专业承包和施工劳务三个分类下的相关资质证书；创办非公立院校需要办理"民办学校办学许可证"等。

行业资质体系的建立，有助于制定行业统一标准，有效降低审查难度，使从业人员和审查人员都有一定的规则可以遵循与依照。

行业资质认证根据审批时间分为两种，分别是前置审批和后置审批。

行业资质认证是办理营业执照的前提，公司在办理营业执照前需要先完成行业资质的认证，这就是前置审批。也就是说，创业者在注册完公司之后，需要先审批经营项目的行政许可，再凭审批文件、许可证明等材料办理营业执照。危险化学品经营许可证、金融许可证等都属于前置审批，需要先完成行业资质认证再申领营业执照。

后置审批则正好相反，是指创业者在领取营业执照之后、开启营业项目之前，需要完成经营项目的行政许可审批，也就是行业资质认证。食品经营许可证、医疗器械生产（经营）许可证、道路运输许可证等都属于后置审批。

不管哪种审批方式，需要能力类资质认证的公司在开始营业之前，都需要按照相关规定办理好相应的行业资质证书，否则将不具有营业资格。

4.6 新希望乳业注册商标"24小时"被驳回

新希望乳业拥有中国最大的农牧产业集群，是农牧产业的"领军人物"。在乳制品市场上，新希望乳业有一定的知名度和影响力，很多人都喝过新希望乳业的牛奶。

然而，在乳制品产业领域顺风顺水、大放异彩的新希望乳业却在商标问题上栽过一个大跟头。

新希望乳业曾经推出过"24小时巴氏鲜牛乳"的概念。也就是说，它卖的牛奶从生产到下架，时间不超过24小时，顾客购买到的牛奶绝对是在24小时以内生产的，不会出现买到隔夜奶的情况。经过多年筹备，在第六届"中国好鲜奶·新鲜盛典"上，新希望乳业正式推出了一款只卖24小时的产品。为了对产品进行推广，新希望乳业计划将"24小时"注册为产品商标。

然而，事不遂人愿，新希望乳业的商标注册申请很快就遭到了驳回。新希望乳业对这个结果表示不满意，并向法院提起上诉，结果却接连败诉。一审、二审的判决显示，"24小时"不能作为产品的商标使用。

从法院的文书中不难看出，新希望乳业之所以败诉，是因为把"24小时"作为商标违反了《商标法》第十一条第二项的规定，即"仅直接表示商品的质量、主要原料、功能、用途、重量、数量及其他特点"的内容和标志，不允许注册为产品商标。

文书中透露，在本案中，新希望乳业所申请的商标"24小时"，使用在牛奶、乳酒（奶饮料）等产品上，很容易导致公众误判，将"24小时"理解为对产品保质时间、保鲜时间等产品本身特点的描述，而不是一个为区分产品而使用的商标。"24小时"不具备区分服务来源的作用，缺乏商标的显著性。因此，法院驳回了它的申诉请求。

新希望乳业的商标注册风波说明了一个问题：并非任何内容都可以作为品牌或产品的商标，对于注册商标的内容，相关法律条文有着明确的规定和要求。公司在注册商标的时候，也要考虑多方面的因素。

新希望乳业并不是唯一一家在注册商标上受挫的牛奶品牌。蒙牛乳业在布局推出"新鲜工厂"巴氏奶后，试图将"新鲜工厂"作为产品商标，也遭到了驳回。相关部门认为，蒙牛乳业所使用的"新鲜工厂"一词，"新鲜"作为描述性词语与"工厂"连用，容易误导消费者，使之认为"新鲜"是对该工厂生产的产品特点的描述，难以将其识别为产品商标，因此"新鲜工厂"作为商标并不合适。

新希望乳业和蒙牛乳业申请的商标因为没有满足商标的显著性要求而无法注册。这类描述性商标经常会缺失商标应有的显著特征，标志一旦会对消费者的理解造成误导，就难以通过注册。

《商标法》对商标的选择进行了规定。其中，第九条规定："申请注册的商标，应当有显著特征，便于识别，并不得与他人在先取得的合法权利相冲突。商标注册人有权标明'注册商标'或者注册标记。"

《商标法》第十一条规定，"下列标志不得作为商标注册：（一）仅有本商品的通用名称、图形、型号的；（二）仅直接表示商品的质量、主要原料、功能、用途、重量、数量及其他特点的；（三）其他缺乏显著特征的。前款所列标志经过使用取得显著特征，并便于识别的，可以作为商标注册。"

也就是说，即使一个标志不能满足识别功能，但经过一定时间的使用，在消费者看来已经拥有了显著特征，可以识别为商标，那么也是可以作为商标进行注册的。

4.7 用虚假材料注册公司，负责人被列入黑名单

北京通州曾发生过一起公司营业执照被吊销，公司法定代表人被列入黑名单的事件。事件的主要原因是其法定代表人在注册公司时提交的是虚假材料。

某日，通州区市场监督管理局接到群众举报，称北京某小商品市场有限公司在申请设立登记时提交了虚假的办照材料。接到举报后，该局非常重视，立刻对小商品市场有限公司的相关责任人展开调查。

调查发现，该小商品市场有限公司在申请设立登记时，曾向通州区市场监督管理局提交过房产证复印件。经过核实，通州区市场监督管理局发现复印件上显示的经营场所在当地不动产登记系统中根本不存在相应的登记信息。经过查证，该小商品市场有限公司当时提供的房产证复印件上的信息是由其他位置的房产项目拼接而成的。也就是说，该小商品市场有限公司在提交注册材料时，使用了虚假的地址信息。

最终，通州区市场监督管理局依法对该小商品市场有限公司做出了吊销营业执照的行政处罚，同时，该公司的法定代表人被列入黑名单，三年内将不能担任其他经营单位的法定代表人。

《公司法》第一百九十八条规定："违反本法规定，虚报注册资本、提交虚假材料或者采取其他欺诈手段隐瞒重要事实取得公司登记的，由公司登记机关责令改正，对虚报注册资本的公司，处以虚报注册资本金额百分之五以上百分之十五以下的罚款；对提交虚假材料或者采取其他欺诈手段隐瞒重要事实的公司，处以五万元以上五十万元以下的罚款；情节严重的，撤销公司登记或者吊销营业执照。"

公司在进行注册时，大致需要提供以下材料。

以股份有限公司为例，股份有限公司在注册时须提供经过审查的公司名称、真实的经营范围、公司的法人代表、公司的注册资金、各股东的出资比例、公司的联系电话、公司的地址等信息。有限责任公司注册所需材料与股份有限公司基本一致，但还需要另外提供一份发起人协议。

公司通过提交虚假材料或采取其他欺诈手段隐瞒重要事实取得公司登记，主要体现在通过冒用他人身份、伪造文件及签名、虚报注册资金、使用虚假的公司地址等手段欺骗登记机关取得营业资格。

依法进行登记注册是公司获得营业资格的必经过程。在注册时提供材料是为了切实有效地保护各方利益。用虚假材料注册公司获得营业资格的行为，严重损害了交易双方的权益，扰乱了正常的市场竞争。用虚假材料注册的公司不具有公示的合法性，对外公示的信息不真实，将给交易带来极大的风险。一旦交易出现问题，交易方将蒙受巨大的损失，而虚假登记公司则可以借虚假信息逃避责任。

根据《公司法》的规定，公司在注册时提交了虚假材料取得公司登记的，其虚假注册行为一旦被披露，将会受到严厉的罚款处罚，情节严重还会被吊销营业执照。

4.8 商标被抢注，天眼查与企查查的两年纠葛

天眼查和企查查都是查询公司资质和相关信息的网站，人们在寻找和确定合作对象的时候总是会用到这两个网站查看合作对象是否靠谱。两家公司的成立时间接近，涵盖业务类似，就连名称也都注重一个"查"字，这决定了处于同一赛道的两家公司之间必定存在各方面的竞争。

果然，两家公司在工商信息一体化查询的市场上势同水火、互不相让，从成立开始就你上诉我，我上诉你，因为各种理由把对方告上法庭。在两家公司的各路纠纷中，有一件影响最大、引起人们广泛关注的事件，就是商标抢注事件。

对一家公司来说，注册商标可以说是开办公司的头等大事之一。只有及时注册了商标，公司才拥有商标的所有权，不至于让公司的标志和创意被其他人抢去。如果商标被别人抢注，可能带来许多不良后果。

企查查就犯了这样一个错误，在公司注册几年之后，企查查这个工具已经投入市场开始广泛使用了，公司才想起来去注册商标。自2016年开始，企查查先后申请了多个"企查查"商标，结果不是被判无效，就是在进行商标复审之后被驳回。最后，企查查在寻找原因的时候才发现，自己的商标注册申请之所以没有通过，是因为已经有人抢先注册了。根据规定，公司的商标是不能重复注册的，如果已经有人注册了某商标，那么其他人就不能再注册同一个商标。经过一番调查，企查查发现注册了自己商标的不是别人，正是自己的老对手天眼查。

直到企查查发现，天眼查注册并通过的"企查查"商标已涵盖了第42类、第41类、第38类、第36类、第35类、第16类和第9类七件。除此之外，天眼查还在多个分类下注册了"QICHACHA.COM"的商标。而这些商标都是为企查查所用的。

企查查自然不会放任竞争对手掌握自己公司的商标。于是在2017年8月，企

查查开始了对天眼查的反击，依据《商标法》第三十条的规定"申请注册的商标，凡不符合本法有关规定或者同他人在同一种商品或者类似商品上已经注册的或者初步审定的商标相同或者近似的，由商标局驳回申请，不予公告"，对其注册的第19743876号、第19743872号两个"企查查"商标提起无效宣告。

然而，经过两年的审理，原商标评审委员会最终裁定，对第19743876号、第19743872号"企查查"商标予以维持。

注册商标这一战，企查查暂时败给了天眼查。

对于天眼查抢注的商标，企查查方面认为，在"QICHACHA.COM"被对方注册为商标之前，企查查已经将其作为自己的商标进行广泛使用，并且已经在社会上有了一定的知名度和影响力。天眼查作为与自己有明显竞争关系的公司，注册"QICHACHA.COM"为商标的动机具有恶意，容易让公众混淆，造成不良影响，扰乱市场秩序，因此申请对相关商标宣告无效。

而原商标评审委员会则认为，企查查提交的证据形成时间晚于商标注册时间，无法证明该商标在被注册之前已经投入使用并具有一定的市场规模和影响力，亦无法证明企查查在广告及类似服务上享有在先商标权，因此对企查查"宣告无效"的主张不予支持。另外，争议商标不存在"有害于社会主义道德风尚或者有其他不良影响"的情况，天眼查在申请注册时也没有使用不正当手段，因此对该商标予以维持。

其实，企查查和天眼查的注册商标之战本可以避免，只要企查查在创立公司时及时注册商标就不会出现这样的情况。企查查与天眼查的商标纠纷，验证了"市场未动，商标先行"的重要性。

第 5 章 场地风险：工作场地牵一发而动全身

公司的经营和发展离不开工作场地，工作场地方面出了差错，就会影响到公司的正常经营和发展。因此，保证工作场地的合理性非常重要。本章涉及创业者在选择注册地址时所需要注意的一些事项。一个合适的注册地址，将在公司的发展中起到锦上添花的积极作用。

5.1 如何选择注册地址

公司的注册地址就是公司的营业执照上所显示的地址，是公司的主要办事机构所在地。对创业者来说，选择办公地址进行注册是一件很重要的事。公司的注册地址是公司的根基，对公司日后的发展有着重大的影响。一个合适的注册地址，将有利于公司的发展壮大。

选择注册地址，要结合各种影响因素，从多方面进行综合考虑。考虑得越周全，找到合适的注册地址的概率就越大。一般情况下，选择注册地址应该从交通、周围的配套设施、办公环境、租金及办公面积几个方面考虑。交通便利、周围的配套设施齐全、办公环境优良且租金合理、办公面积合适的地址是最理想的选择。

1. 交通

办公（注册）地址是否处于交通干线附近、办公地址附近是否有公交车站或地铁站，这些都是创业者在选择办公地址时需要着重考虑的问题，因为这既关系到员工上下班的便利，也关系到员工的留存率问题。如果公司的办公地址偏僻，不利于寻找，或者办公地址附近交通不便利等，都有可能导致员工经常迟到、离职率高。长此以往，不仅会影响到公司的发展，也会影响到外人对公司的评价，对公司的形象造成负面影响。

2. 周围的配套设施

办公地址周围的配套设施包括停车场、监控设施、安保人员及物业管理等。停车场对大公司而言尤为重要，因为这些公司的员工较多，开车上班的员工比例也会随之提高，对停车场的需求较大。另外，监控设施及安保人员的配备情况与公司的安全直接相关，也会在一定程度上影响公司员工的工作状态。物业管理属于软性条件。完善且高质量的物业管理，可以有效保障公司的日常经营，是公司顺利运营的坚实后盾。

3. 办公环境

办公环境既包括园林绿化、空气质量、噪声情况等自然指标，也包括工作氛围等人文指标。绿化面积大、空气质量高、没有噪声的办公环境，更有利于员工集中注意力，提高工作效率。工作氛围好的办公环境，更有利于员工进入工作状态，从而提高工作效率。只有员工的工作效率高，才有利于公司工作的开展。可以说，一家公司的办公环境直接影响到公司业务的开展情况。所以，办公环境也是一个很关键的因素。

4．租金

租金涉及公司运营成本的问题，因此这也是创业者在选择办公地址时一个不可忽视的因素。对一家新公司来说，资金往往是一个较为重大的限制因素。为了确保公司顺利运行，创业者有必要慎重考虑资金的分配问题，确保在租赁了办公场所的情况下仍然有足够的资金维持公司的正常运转。而且，办公场所的租金还会涉及停车费、物业管理费、清洁费、保险费等一系列费用。如果创业者对这些费用考虑得不够周到，可能很快就会让自己陷入资金链断裂的境地。

5．办公面积

至于办公面积的选择，就需要根据公司的业务类型、财力和规模来确定。如果你的公司只是一家小型的初创公司，员工数量在10人以内，显然没必要租一个大型的办公场所，况且创业者在创业初期资金会比较紧张。所以，对于办公面积的选择更应该量力而行，最好选择一个大小适宜的办公场所。等到后期公司得以发展、规模得以扩大、资金充裕后，再考虑更换更大的办公场所。

总体而言，创业者在选择和决定公司地址的时候，要充分考虑各方面因素，选择一个对公司发展有利的、适合公司的地址。

5.2 产权不清，风波不断

公司用于注册的办公地址，可以是自己购买的房屋，也可以是通过租赁，从别人手里获得使用权，临时用作办公的房屋。不管是哪种情况，都需要明确房屋的产权，房屋产权不清晰，将容易引起争夺权利的风波。

房屋产权是指产权人对房屋的所有权和对该房屋所占用土地的使用权。通常情况下包括房屋的占有权、使用权、收益权和处分权。

首先是房屋的所有权。所有权是指人们对于自己财产享有的占有、使用、收益和处分的权利，是房屋产权中最核心的一种权利。房屋所有权包括在财产所有权内，是物权中最完全的一种权利，具有绝对性、排他性、永续性的特征。

房屋的占有权是指人们合法占有和取得房屋、对房屋行使控制和支配的权利。房屋的占有权可以由房屋所有者一人获得，也可以通过租赁等形式在一定时间内将房屋的占有权让渡出去。值得注意的是，在租赁情况下，房屋的所有权并没有发生转移。

房屋的使用权是指房屋占有者对房屋进行使用的权利。房屋占有者可以按照房产性能及使用价值对房产加以合理利用。当房屋所有者将房屋的占有权让渡给其他人时，那么房屋的使用权也将一并让渡。房屋的使用权和占有权密不可分，拥有房屋的使用权的前提是拥有房屋的占有权。

房屋的收益权随着房屋的所有权一同保有，是指房屋所有者可以按照规定获取房屋财产所产生的收益的权利，如收取房屋的租金。

房屋的处分权是指房屋所有者在法律规定的范围内按照自己的意志和想法对房屋进行处分的权利。通过行使处分权，房屋所有者可以将房屋的所有权转让给其他人，也可以只让渡房屋的占有权和使用权。

所谓明确房屋产权，就是要明确上述权利的持有和分配情况。如果权利发生混淆，就会引发一系列纠纷。

创业者在注册公司的时候，需要提供有关公司注册地址的材料。为了避免纠纷，这些材料中必须明确标明房屋的产权情况。创业者在填写相关材料时，不仅要注明公司的详细地址,还要由房屋所有者本人在"产权人证明"栏内签字或盖章,同时提交由房屋所有者提供的、有房屋所有者签名或盖章的"房屋所有权证"(房产证)复印件。

如果公司用来注册的房屋未取得房屋主管部门颁发的合法有效产权证明,除需要提交要求的材料外,还需要提交经区(县)政府批准或授权的乡(镇)政府、其他部门或街道办事处、村民委员会出具的"住所(经营场所)使用证明",以及由生产经营场所的使用人与场所提供人签署的不索取拆迁补偿费用的承诺书,以此证明创业者拥有房屋的占有权和使用权。

创业者在注册公司时,对于公司的注册地址,可以拥有房屋的所有权,即使用自己合法获得的房屋作为公司的注册地址,也可以只拥有房屋的占有权和使用权,不拥有房屋的所有权,即使用租赁的房屋作为公司的注册地址,不过在这种情况下需要由房屋所有者证明占有权和使用权的分配情况。

5.3 住宅楼、商住两用楼能注册公司吗

有时候,创业者为了节约成本或由于其他原因,会选择用住宅楼或商住两用楼作为公司的注册地址。这种做法是否合乎规定呢?

要明确住宅楼或商住两用楼能否用来注册公司,就要先明确在相关规定里对于公司的注册地址有哪些要求。

《公司法》第七条规定:"依法设立的公司,由公司登记机关发给公司营业执照。公司营业执照签发日期为公司成立日期。公司营业执照应当载明公司的名称、住所、注册资本、经营范围、法定代表人姓名等事项。公司营业执照记载的事项发生变更的,公司应当依法办理变更登记,由公司登记机关换发营业执照。"这意

味着，公司需要将注册地址作为公司经营的主要场所，其注册地址应该是具体的、真实的。而且，注册者要么拥有注册地址的房屋产权，要么与注册地址的房屋所有者签署一年以上的租赁合同。

另外，一些城市也会对公司的注册地址提出相关要求。某地区的市场监督管理局规定：公司注册时，办公地址的房产必须是在土地部门规划的商业用地区域内的建筑，房产证上注明的产权必须是经营性商业建筑，不接受利用居住性产权的建筑来注册公司（作为注册地址）的请求。

也就是说，在某些地区，市场监督管理局要求填写的注册地址的性质必须是商业性质，如写字楼、商铺，或者住改商性质，不能是民用性质。而且，注册公司营业执照须提供符合商用住址的房屋所有权或使用权证明文件。例如，在公司经营者名下的商用房产的产权证明，或者经公证处公证过的商用房产的租赁合同。

由此可见，普通住宅作为非商业性质的房产，是不能用来注册公司的。商住两用性质的房产，如果其产权证上表明该地址有经营性用途，那么就可以用来作为公司地址进行注册。但具体情况还是要以当地市场监督管理局的要求为准。

在注册公司时，对于那些由于各方面的原因无法使用商业性质的房产作为注册地址的创业者，可以考虑租赁具有商务独立产权的小面积商务办公室用于注册。如果家里其他人名下有符合公司注册资格的房产，也需要提交直系亲属证明材料或经公证的租借证明文件。

除此之外还有一种情况，就是创业者将普通民用住宅改造成商业用地。在这种情况下，民用住宅也可以作为公司地址进行登记注册，因为经过改造的房屋已经具有了商业性质，成为经营性商业建筑。

在进行改造时，房屋所有者需要遵循以下规定。

《中华人民共和国民法典》（以下简称《民法典》）第二百七十九条规定："业

主不得违反法律、法规以及管理规约，将住宅改变为经营性用房。业主将住宅改变为经营性用房的，除遵守法律、法规以及管理规约外，应当经有利害关系的业主一致同意。"

住宅楼和商住两用楼能否注册公司，具体还需要参考当地的相关规定，并按规定进行注册。

5.4 注册地址与办公地址不一致有问题吗

有时，创业者在登记注册了公司之后，由于某种原因可能有登记时使用的地址不适合或无法用来办公的情况。例如，登记时使用的地址面积太小，不足以容纳庞大的办公人数，或者登记时使用的地址面积过大，使用时会造成资源浪费等。

出现这种情况，很多创业者会选择重新寻找一个场地进行办公，这时就会出现公司注册地址与实际办公地址不一致的局面。

在实际经营中，注册地址与办公地址不一致是否存在问题和风险呢？

厦门曾通过开展"非正常经营公司专项整治行动"将思明区876家公司列入"经营异常名录"。在这些被审查的公司中，有多达254家公司因涉嫌提供虚假地址注册，被立案调查，面临高额罚款。

当地规定：对于注册地址虚假的，或注册地址与办公地址不一致的，市场监督管理部门将依法查处并列入"经营异常名录"；对于注册地址与办公地址一致，但未履行商事主体年报义务的，依法约谈，督促提交会计师事务所核审的年度报告，补办年报公示手续。

类似的规定不止在一个地区有，其他的城市也有关于注册地址与办公地址不一致的相关处罚规定。注册地址与办公地址不一致，有时也会给相关责任机构带来麻烦。

美团外卖就曾因为"有照无证"被浙江某区市场监督管理局判处了 16 万元的罚款。起因是该市场监督管理局在对辖区内的外卖平台开展调查时发现，仅在美团外卖一个平台，就有多家商铺存在营业执照、餐饮服务许可证上的地址和美团上显示的地址不一致的情况。例如，某家店的实际地址在天一广场水晶街，但上传的营业执照上的地址却在环城西路。

对于这种"证、照、App 信息不符"的情况，该区市场监督管理局认定美团没有对入网食品经营者进行实名登记和审查，该行为违反了《中华人民共和国食品安全法》《网络餐饮服务食品安全监督管理办法》的相关规定，因此对美团处以高额罚款。

《公司法》规定公司应以其主要办事机构所在地为住所。也就是说，公司的营业执照上的经营地址就是其办公地址。市场监督管理部门在对公司进行检查时，就是以营业执照上的经营地址为依据进行审核的。此外，《中华人民共和国公司登记管理条例》（以下简称《公司登记管理条例》）第十二条明确规定："公司的住所是公司主要办事机构所在地。经公司登记机关登记的公司的住所只能有一个。公司的住所应当在其公司登记机关辖区内。"由此看来，注册地址不能与办公地址分离。

法律规定，注册地址和办公地址必须为同一个地址，且只能使用一个地址，注册地址与办公地址不一致的情况是违反规定的，严重者将被处以罚款等处罚。

提供虚假地址注册、注册地址与办公地址不一致等违法行为，很容易催生"空壳公司""僵尸公司"等问题公司。这些非正常经营的公司将会严重扰乱市场秩序，给交易埋下隐患，给营商环境乃至社会治安带来潜在危害。

因此，办公地址应与注册地址保持一致。如果提供虚假材料注册公司，公司及其相关责任人将会被列入黑名单。如果是因为办公地址变更导致办公地址与注册地址不一致，应及时到市场监督管理部门办理变更登记。

5.5 提前退租如何计算违约金

经营者在公司发展的过程中，可能出于某种情况需要对公司进行"搬家"，也就是转移办公地址。如果公司的注册地址是通过租赁得到的，那么在转移办公地址时就需要办理退租的相关手续。其中，支付违约金是一件需要慎重处理的事。如果没有解决好违约金的问题，就会破坏租赁双方的关系，造成不必要的麻烦，严重者还有可能影响公司的声誉，给公司的发展带来影响。

陈某曾将位于商业街内的某一网点房出租给王某使用，王某与陈某签订了两年的租房合同，并约定房租按年支付，须提前一个月支付交清，否则将视作违约，违约者须承担年租的20%作为违约金。王某将该网点房作为办公地址注册了公司。几个月后，由于经营不善、亏损严重，王某提前搬离了该网点房并归还了钥匙，希望能与陈某解除租房合同。

而陈某认为王某临时解约给自己带来了损失，不同意与王某解除合同，并一直闲置房屋任由损失扩大。两人协议未果后，陈某将王某诉至法院，要求王某承担持续扩大的损失，支付剩余的租金和违约金。

法院经过审理，认为王某在合同期限届满之前向陈某提出退租，已属于违约范畴，因此需要支付合同上约定的年租的20%作为违约金。但王某已经搬离房屋，在支付了违约金后已经具备解除合同的条件，陈某有能力阻止损失继续扩大却没有阻止，因此王某不对扩大损失承担责任，无须支付剩余的租金。

违约金一般有以下几种类型。

（1）法定违约金。法定违约金是由相关法律直接做出原则性规定的违约金。在相关法律中，部分条文会直接规定违约金的金额比例、适用范围等，根据合同内容、违约性质、程度的不同，确定不同的违约金数额。因房屋提前退租所产生的违约金没有专门的法律规定，一般不属于法定违约金。

（2）约定违约金。约定违约金是由当事双方共同约定违约金的金额比例及支付方式。一旦有一方违约，违约方就需要按照协议支付违约金。约定违约金属于合同关系，从属主合同，主合同无效，则违约金约定无效。作为诺成合同，约定违约金无须预先给付。作为附条件合同，约定违约金只在违约行为发生的情况下生效。因房屋提前退租所产生的违约金一般属于约定违约金，需要依据双方的约定赔付。

（3）惩罚性违约金。此类违约金是固有意义上的违约金。这种违约金具有惩罚意味，在违约时，债务人除了需要支付违约金，还需要承担债务履行或不履行所产生的损害赔偿。债务人除了须支付违约金，其他因债之关系所应负的一切责任，均不因之而受影响。

（4）赔偿性违约金。赔偿性违约金是当事双方预先估算损害赔偿金额或计算方法，并按照估算的结果进行赔付。按照传统方式，债权人请求损害赔偿时，需要举证损害与违约的因果关系，非常麻烦。设置赔偿性违约金可以避免取证的麻烦。启用赔偿性违约金后，不能够再请求债务履行或不履行的损害赔偿。

因房屋提前退租所产生的违约金，一般是约定违约金，需要由当事双方在签订租房合同时共同商议，并按照《民法典》履行。

《民法典》第五百八十五条规定："当事人可以约定一方违约时应当根据违约情况向对方支付一定数额的违约金，也可以约定因违约产生的损失赔偿额的计算方法。约定的违约金低于造成的损失的，人民法院或者仲裁机构可以根据当事人的请求予以增加；约定的违约金过分高于造成的损失的，人民法院或者仲裁机构可以根据当事人的请求予以适当减少。当事人就迟延履行约定违约金的，违约方支付违约金后，还应当履行债务。"

一般情况下，如果没有经过明确的约定，房屋提前退租所需要支付的违约金不超过实际损失的30%。如果违约金与实际损失差距过大，当事人也可以请求法院进行裁定，增加或减少一定的金额。但根据《民法典》的规定，申请增加或减少违约金的一方须承担证明损失大小的责任。

5.6 公司地址异常是怎么回事

公司地址异常是公司被列入"经营异常名录"的理由之一。一家公司被列入"经营异常名录"，通常是因为没有按时公示年报或公示的年报造假、没有公示公司的信息或公示的公司信息虚假，以及无法通过公司在登记时使用的地址或经营场所联系到公司。市场监督管理部门会对这些内容进行随机抽查和走访。其中，"无法通过公司在登记时使用的地址或经营场所联系到公司"就代表公司地址异常。

市场监督管理部门判断一家公司是否存在地址异常主要依据两种方法。第一种方法是市场监督管理部门会定期发送信函或文件到公司的注册地址，或者打电话到公司的注册地址确认。如果多次或长时间无人收信或无人接听，就无法判断该地址是否存在公司活动。第二种方法是市场监督管理部门有时会派专人进行实地考察和走访调查。如果工作人员发现注册地址不存在，或者注册地址存在但没有公司经营的迹象，那么工作人员就会将其判断为异常。总体来说，如果市场监督管理部门无法验证公司注册地址的真实性，公司就会被判断为地址异常的状态。

为了确保公司经营的合法性，市场监督管理部门会对一些公司进行重点审查。例如，集中注册在同一地址的公司。这些公司经常被发现虚开增值税发票，因此会被市场监督管理部门和税务部门当作重点审查对象。再如，在异常地址注册过的公司。有些没有条件租办公室的公司有时会选择挂靠在工商代理提供的地址上，这个地址一旦被诈骗公司等问题公司挂靠过，它就上了市场监督管理部门的黑名单，成为异常地址，曾经挂靠过这个地址的公司也会被当成重点审查对象。除此之外，注册地址与办公地址涉嫌不一致的公司也会被市场监督管理部门优先审查。

一旦公司因为地址异常被列入"经营异常名录"，就会对公司的经营和发展造成非常严重的影响。

首先，"经营异常名录"会定期向社会进行公示。也就是说，如果一家公司被列入"经营异常名录"，那么社会各界都会知道。被列入"经营异常名录"的公司，其社会声誉和可信度都会大打折扣，公司形象也会受到严重影响。其他人会尽量避免和有交易风险的公司交易，因此公司的经营会受到较大的阻力。另外，即使后来公司从"经营异常名录"里移除了，进入名录的记录也无法消除，将会伴随公司终生。

其次，被列入"经营异常名录"的公司，因其信用问题会受到更严格的审查，面临诸多不便。这些公司在申请办理登记备案事项、行政许可审批事项，以及资质审核、从业任职资格等文件时，行政管理部门将会审慎审查。而且，《企业信息公示暂行条例》也规定对于被判断为经营异常的公司，将剥夺其参与政府采购、工程招投标、国有土地出让、授予荣誉称号等资格。

再次，被列入"经营异常名录"的公司，其日常经营也会受到影响。银行等金融机构为了规避风险，会将"经营异常名录"作为参考，来决定是否对公司进行贷款、担保、保险等商事活动。一旦公司被列入"经营异常名录",那么公司的开户、贷款业务的办理可能遭到拒绝。

除此之外,公司被列入"经营异常名录"之后,如果不想办法及时移出,一旦进入名录的时间达到三年,那么公司就会被列入"严重违法失信企业名单"并向社会公示,接受更严厉的惩罚。而严重违法失信企业的相关责任人的后续任职也会受到限制,是非常严重的后果。

因为地址异常被列入"经营异常名录"的公司若想从名录中移出,就需要尽快解除地址异常状态。如果是因为变更公司地址而被判断为地址异常,那么应及时依法向登记机关办理变更登记。如果公司地址无变动,因联系不到被误判为地址异常,当公司可正常联系后应向相关部门申请恢复正常状态,待其核实后即可解除地址异常状态。

5.7 不办理注册地址变更登记可以吗

出于业务开展的需要,有的公司在经营过程中需要变更注册地址。一些公司在变更注册地址的时候往往会忽略注册地址变更登记的办理,疏于处理营业执照上的地址,造成信息延迟,甚至被相关部门处罚。

王老板开了一家农产品销售门店,旺季里农产品的销量大幅增加。于是,王老板在街巷里设置了众多摊位兜售农产品,没想到很快就遭到了市场监督管理部门执法人员的查处。执法人员表示,王老板的这种行为属于擅自增加经营场所,没有按规定在核准的经营场所开展销售业务,超出了核准的登记事项,应处以行政处罚。

李老板的公司在发展了一段时间以后,公司的员工规模成倍增加。由于原来的办公区域无法满足公司员工的办公需求，李老板带着公司员工进行了搬迁，将公司搬到了另一个地址。然而，由于李老板没有及时办理变更登记，市场监督管理部门发现后对李老板处以了罚款，并责令李老板限期登记。

以上两个案例可以说明，擅自更改公司的地址却不及时办理变更登记，是违反《公司登记管理条例》的，会受到相应的处罚。

《公司登记管理条例》第二十九条规定："公司变更住所的，应当在迁入新住所前申请变更登记，并提交新住所使用证明。公司变更住所跨公司登记机关辖区的，应当在迁入新住所前向迁入地公司登记机关申请变更登记；迁入地公司登记机关受理的，由原公司登记机关将公司登记档案移送迁入地公司登记机关。"

《公司登记管理条例》第六十八条规定："公司登记事项发生变更时，未依照本条例规定办理有关变更登记的，由公司登记机关责令限期登记；逾期不登记的，处以1万元以上10万元以下的罚款。其中，变更经营范围涉及法律、行政法规或者国务院决定规定须经批准的项目而未取得批准，擅自从事相关经营活动，情节严重的，吊销营业执照。公司未依照本条例规定办理有关备案的，由公司登记机关责令限期办理；逾期未办理的，处以3万元以下的罚款。"

公司的地址发生变更但未及时办理变更登记的，可能面临以下风险。

首先，公司没有及时办理变更登记，一旦经市场监督管理部门查处，就会受到警告，被责令限期办理变更登记，可能还会面临1万元以上10万元以下的罚款。

其次，情节严重的，还有可能被扣缴营业执照或吊销营业执照，给公司的发展带来极大的影响。

再次，如果公司的地址发生变更却没有登记，营业执照上的地址与实际办公地址不同，就会影响公司营业执照的年审。年审不通过，公司就会被视为异常营业状态，给公司的经营带来诸多不便。

最后，如果公司卷入了刑事诉讼案件，由于公司的地址变更未进行登记，法院的文件将会按照登记地点送到原地址，公司很有可能因为没有接到文件而错失出庭答辩的机会，承担败诉风险。

公司的地址变更后不及时办理变更登记，等到出现问题再去解决就需要付出更多的精力和代价，给公司造成损失。因此，千万不能因为"怕麻烦"而不去办理变更登记或拖延办理变更登记，一旦公司的地址发生变更，应及时到相关部门办理变更登记。

5.8 租工位，初创公司新选择

很多创业者在创业的时候，受到资金等因素的制约，难以找到合适的办公场所。由于创业者越来越多，其对工位的需求逐渐庞大。有需求就会有市场，针对这种情况，市场上出现了一个新兴行业：共享办公室。

近几年，全国多个城市开始出现共享办公室的模式。这些共享办公室的出租单位可以是一个工位，也可以是一张办公桌，还可以是整间办公室，一小时的租金从几元到几千元不等。创业者可以根据自己的实际需求选择合适的规格。共享办公室的模式一经推出就受到了市场的热烈反响，在几个提供出租工位服务的城市受到广泛欢迎，特别是受到一些初创公司的青睐。

一家专门经营共享办公室的公司的负责人在接受采访时称，这家公司先后在全国40多个城市经营了超过200家共享办公室。其中，北京、上海、武汉、深圳、南京、广州、成都等一线或新一线城市的反响最好，共享办公室在这些城市拥有极高的工位出租率。该公司在武汉开的第三家共享办公室开业仅半年，入驻率就达到93%，而武汉在全部城市的工位出租率中仅排名第六，由此可见共享办公室在其他城市的火爆程度。

对创业者来说，共享办公室有很多优势是传统的办公室租用形式所不具备的。

小黑在大学毕业以后选择了创业，和几个志同道合的好友成立了一家小公司。然而，小黑的创业之路并不顺利，甚至在选择公司地址的时候就遇到了难题。一开始，小黑想到了专门为创业者准备的科技园，但科技园的房租加上购置办公设备的开销，对他们这些刚开始创业的创业者来说，是一笔难以承担的费用。而且，只有三个人的创业团队也达不到科技园的入驻要求。后来，小黑又想到了商住两用楼，可实地考察后小黑发现商住两用楼里人员和业务混杂，非常不利于客户上门谈事情。就在小黑一筹莫展之际，他注意到了共享办公室。

共享办公室与传统办公室相比，配套设施更加齐全，饮水机、空调、Wi-Fi等装置应有尽有，创业者在共享办公室办公可以节省一笔装修和购置办公设备的费用。创业者来到共享办公室工作，只需要携带一台电脑即可开始办公。除此之外，因为共享办公室吸引的大多是和小黑一样的创业者，熟悉了之后大家可以互相鼓励、互相提建议，营造了一种良好的办公氛围。有时候，小黑在共享办公室遇到一些前辈，还会向他们讨教经验。小黑认为，共享办公室对他来说是最合适的办公场所。

除创业者的日常工作外，有些公司的面试、培训、会议、团建等活动也会选择在共享办公室租用一块场地来进行。这些公司规模不大，难以找到合适的场地进行这些活动，设备齐全、服务周到、租金合理的共享办公室就成了它们的首选。

与传统的办公室租用形式相比，共享办公室的优势在于它的租用方式更加灵活多变。租用者可以根据实际情况选择合适的租用方式，避免资源浪费，有效节约成本。共享办公室为适应市场的需求，将租赁时间由传统的年租、月租灵活调整为日租、时租，将最小租赁区域由一间办公室调整为一个工位，充分满足一些短时间、占地面积小的办公活动的需求。在装修和设备方面，共享办公室也力求完善，满足多种需求，吸引更多用户。

5.9 公司搬家如何避免人员流失

不少公司都会因为发展或业务调整等需求进行"搬家"。在搬家的过程中，这些公司都会面临一个严峻的考验，那就是公司搬家所带来的人员流失问题。

很多公司在搬家的时候都会遭遇人员流失，公司的员工，尤其是骨干人员的变动会造成人力资源的损失，干扰公司的绩效，影响公司的氛围，甚至造成核心机密的流失，不利于公司的发展。因此，公司在搬家时，首先要考虑的问题就是如何避免人员流失。

要想避免人员流失，需要从两个方向入手：一个是公司选址方面，另一个是安抚员工情绪方面。

在公司选址方面，要考虑到员工对公司环境的要求。员工之所以会因搬家而流失，是因为他们已经对以前的办公环境习惯了，对以前的办公环境产生了依赖感，因此容易对新环境产生抗拒心理。很多员工在选择一份工作的时候，往往会考虑到通勤时间。公司的地址一旦改变，员工的通勤时间也会随之改变。一旦通勤时间大幅度增加，员工就很容易出现抗拒心理，产生离职的念头。因此，公司搬家要充分考虑到新地址与原地址之间的距离，避免搬到与原地址相距过远的地址。

另外，公司新地址与原地址之间的办公环境也不宜落差过大。有些员工之所以选择这份工作，就是因为对办公环境比较满意。如果一家公司从高档写字楼搬进商住两用楼，很容易让员工因为不满意新的办公环境而离职。公司从较好的办公环境搬到较差的办公环境，还很容易让员工误认为公司的发展遇到了问题，因此产生离职的想法。因此，如果公司需要搬家，最好选择办公环境相似或更好的地址。

如果公司避免不了搬到远距离或低质量办公环境的地址，那么安抚好员工的情绪就尤为重要。只有切实消除员工的顾虑，才能最大限度地保留人员，减少人员流失。

对于员工担心的通勤问题，公司可以统一安排班车接送，在员工所在区域内设置几个固定站点，方便员工上下班。对于住得较远且不在班车运营范围内的员工，公司应当予以适当的车补、油补等补贴，保证员工不会因为公司的搬迁而承受损失。另外，由于通勤距离改变，公司也要对上下班时间进行相应的调整。有时候，因为公司搬家，员工住址与公司之间的距离变远，如果按照原来的时间上下班，为了不迟到，员工就需要减少自己的可支配时间，很容易产生抵触心理。因此，公司可以根据实际情况调整员工的上下班时间，如推迟半小时上班等。

除此之外，为了消除员工的顾虑，公司也应该站在公司层面统一员工的思想，要及时地向员工进行科普和解释，告诉他们随着公司的发展，搬家是必然趋势，如果坚持在原地址办公，公司将会受到多方面的制约，从而影响员工的利益。员工作为公司的一员，理应支持公司向好的方向发展。

如果避免不了人员流失，就要尽量减少人员流失给公司带来的损失，根据岗位的实际情况实行岗位配补制度，确保公司的业务不会因为某一员工的离职而断裂或停滞。对于一些不可替代的骨干人员，公司应给予一定的津贴，提高他们的福利待遇，最大限度地保留核心人才。

第3篇

财务风险

第 6 章 Chapter 6 / 税务风险：税务是公司经营的高压线

公司的经营伴随着税款的缴纳。当创业者因为不了解纳税的有关政策而出现不核税、不报税、少纳税等违反法律法规的情况时，公司就会面临补缴税款、缴纳滞纳金、缴纳罚款，甚至是行政处罚等风险，严重影响公司的正常发展。为了规避这些风险，创业者需要按照规定处理好与税务相关的事项，解决好税务问题。

6.1 不核税、不报税造成税务异常

法律明文规定，公司应按规定缴纳税款。公司在经营的过程中，会不可避免地涉及税务问题。在公司的运营成本中，其所需缴纳的税款占据不小的比例。有

第6章
税务风险：税务是公司经营的高压线

时因为工作人员的一时疏忽没有核税或报税，就会造成公司的税务异常。

核税就是公司的税务报到，也就是核定税种。在公司开始正式经营之前，需要由公司的税务管理人员根据公司的经营特点和实际经营范围核定公司需要缴纳的税种和税目，如增值税、企业所得税、个人所得税、印花税等。在确定了税种和税目之后，公司就可以按照核定的税种进行申报和纳税了。

如果不进行核税，公司就不能进行记账报销，也无法领购发票，会影响公司的正常运营。

公司的核税行为是有时间限制的。公司在取得税务登记证后，需要在一个月以内到税务部门申请核税。如果公司在取得税务登记证后超过半年没有进行核税，或者申请了核税但没有申请领购发票，税务部门就有可能将其列入税务异常名单。

除了核税，公司要想正常运营还需要定期报税。报税是指公司要根据经过核定的税种在规定的期限内进行申报，申报的税种不一定都需要缴费。

有一些新成立的公司还没有实际经营业务，但是不代表不需要报税。一旦公司没有及时报税，公司的税务信息就会出现异常，等公司有实际经营业务的时候就会因为没有及时报税而受到影响。

一些还没有开始经营或正处在亏损期的公司，可以选择申请"零申报"。一家公司在纳税申报的所属期内，收入、支出及维护成本都为零，公司当期未发生应税行为，那么公司就要向税务部门办理"零申报"手续。但如果长时间申请"零申报"，就有可能造成公司的税务异常，被视为重点调查对象。

有时候一些公司的经营地址会发生变更，如果公司没有及时向市场监督管理部门登记地址变更，没有及时向税务部门重新申报，也会对公司的税务信息造成影响。《税务登记管理办法》第二十七条规定："纳税人因住所、经营地点变动，涉及改变税务登记机关的，应当在向工商行政管理机关或者其他机关申请办理变更、注销登记前，或者住所、经营地点变动前，持有关证件和资料，向原税务登记机关申报办理注销税务登记，并自注销税务登记之日起 30 日内向迁达地税务机关申报办理税务登记。"

公司一旦被判定为税务异常，就会被责令停止税务登记证、发票领购簿等证件及发票的使用。在公司与其负责人利益息息相关的今天，一旦公司被列入非正常户，公司的相关责任人（如股东）的事业开展也会受到影响，其经营的其他公司也会受到牵连，不能办理变更、注销等事项。对于申请解除非正常户的公司，税务部门将按照规定对其进行罚款。

如果公司因为没有及时核税、报税而导致税务异常，那么就需要准备好相关材料去税务部门申请解除税务异常状态，按照规定补充申报，并接受相应的处罚。税务部门核实无误后，即可解除公司的税务异常状态。

6.2　营业收入未开发票，补税和罚款都少不了

发票是计算应纳税额、进行税务稽查的重要依据，可以监督公司的经济活动，维护市场的经济秩序，是公司在经营过程中必不可少的票据。《中华人民共和国发票管理办法》（以下简称《发票管理办法》）第十九条规定："销售商品、提供服务以及从事其他经营活动的单位和个人，对外发生经营业务收取款项，收款方应当向付款方开具发票；特殊情况下，由付款方向收款方开具发票。"

也就是说，公司为通过经营活动获得的收入开具发票是被写进法律条文里的，公司在经营的过程中应该按照规定开具发票。

有很多公司为了避税，会选择不对营业收入开具发票的方法，减少自己的应纳税额。然而，这种做法很容易被识破，一旦被发现，公司不仅需要缴清税额，

第 6 章
税务风险：税务是公司经营的高压线

有时还需要缴纳罚款。

在海南，有一家礼品贸易公司就受到了税务稽查。根据银行流水，该公司当年产生的收入高达 1 668 143 元，对比已申报的开具发票的金额来看，税务局发现该公司有 253 513 元的收入没有开具发票。

该公司收到货款却没有开具发票，不申报或少申报缴纳增值税，编造虚假的收入数据，申报虚假的应纳税额，属于逃税行为。

因不对公司收入开具发票而被调查的情况在全国都有发生。在湖北武汉，税务局就稽查到一家公司因为应收销货款未入账，未对销售收入开具发票，所以没有申报销售收入。最终，该公司被责令补缴了增值税。在厦门，一家食品公司在当月未对确认收入开具发票，结果被稽查后该公司不仅补缴了增值税，还额外缴纳了 50 多万元的滞纳金。

《发票管理办法》第三十五条规定，"违反本办法的规定，有下列情形之一的，由税务机关责令改正，可以处 1 万元以下的罚款；有违法所得的予以没收：

（一）应当开具而未开具发票，或者未按照规定的时限、顺序、栏目，全部联次一次性开具发票，或者未加盖发票专用章的；

（二）使用税控装置开具发票，未按期向主管税务机关报送开具发票的数据的；

（三）使用非税控电子器具开具发票，未将非税控电子器具使用的软件程序说明资料报主管税务机关备案，或者未按照规定保存、报送开具发票的数据的；

（四）拆本使用发票的；

（五）扩大发票使用范围的；

（六）以其他凭证代替发票使用的；

（七）跨规定区域开具发票的；

（八）未按照规定缴销发票的；

(九)未按照规定存放和保管发票的。"

公司未对营业收入开具发票，不仅需要补缴税款，还会被处以罚款，没收违法收入。

公司未对营业收入开具发票，严重的会被视为逃税。《中华人民共和国刑法》（以下简称《刑法》）第二百零一条规定："纳税人采取欺骗、隐瞒手段进行虚假纳税申报或者不申报，逃避缴纳税款数额较大并且占应纳税额百分之十以上的，处三年以下有期徒刑或者拘役，并处罚金；数额巨大并且占应纳税额百分之三十以上的，处三年以上七年以下有期徒刑，并处罚金。"严重逃税者，不仅需要缴纳罚款，还有可能面临牢狱之灾。

6.3 大额股权转让不申报个人所得税，被判逃税罪

个人股权转让是税务部门重点关注的一种情况。在商业活动中，个人股权转让有时也会带来法律风险。很多人没有意识到股权转让也需要缴税，很容易在无意识的情况下发生逃税事件，严重的甚至构成刑事犯罪。

徐州的王某曾以人民币 5226 万元购买了某房地产有限公司 78% 的股权，随后王某又与天津某公司约定以人民币 16 112.96 万元转让出这 78% 的股权。天津某公司按照与王某的协议陆续付款结算完毕，但在此期间，王某一直未缴纳税款。

几年后，当地税务稽查局认定王某应补缴"财产转让所得"个人所得税 20 019 135.38 元、印花税 106 694.80 元、滞纳金 73 281.93 元及 53 347.40 元的处罚金，限王某自收到稽查文书起 15 日内补缴款项。

随后，当地税务稽查局曾先后三次向王某下达缴纳税款的通知，王某陆续补缴各项税款共计 2 502 861.60 元，被强制执行后又补缴了 10 万元税款。因未在规

定期限内缴清款项，王某被立案追缴剩余款项。刑事立案后，王某出具了还款计划书、提交了担保书，缴纳共计人民币1045万元。后在审理期间，王某向法院退缴税款人民币60万元。

法院认为，王某不申报、逃税税款金额巨大，已构成逃税罪，应处以三年以上、七年以下有期徒刑并处罚金。但念其有悔过表现，依照《刑法》第二百零一条第一款、第六十七条第三款，《最高人民法院关于审理偷税抗税刑事案件具体应用法律若干问题的解释》第一条第一款之规定，最终判处王某有期徒刑三年，并处罚金人民币50万元。

《股权转让所得个人所得税管理办法（试行）》（以下简称《办法》）中对股权转让的征税范围进行了明确的规定。《办法》第三条规定，"本办法所称股权转让是指个人将股权转让给其他个人或法人的行为，包括以下情形：

（一）出售股权；

（二）公司回购股权；

（三）发行人首次公开发行新股时，被投资企业股东将其持有的股份以公开发行方式一并向投资者发售；

（四）股权被司法或行政机关强制过户；

（五）以股权对外投资或进行其他非货币性交易；

（六）以股权抵偿债务；

（七）其他股权转移行为。"

其中，王某的行为就属于《办法》第三条第一项的范畴。

除此之外，《办法》还对股权转让人的应纳税所得额做了规定："个人转让股权，以股权转让收入减除股权原值和合理费用后的余额为应纳税所得额，按'财产转让所得'缴纳个人所得税。"

关于纳税人和扣缴义务人，《办法》第五条规定："个人股权转让所得个人所得税，以股权转让方为纳税人，以受让方为扣缴义务人。"也就是说，在股权转让交易中，股权转让的一方为所得人，即为纳税人，股权受让的一方为扣缴义务人，履行扣缴义务。

关于纳税的期限，《办法》第二十条规定，"具有下列情形之一的，扣缴义务人、纳税人应当依法在次月 15 日内向主管税务机关申报纳税：

（一）受让方已支付或部分支付股权转让价款的；

（二）股权转让协议已签订生效的；

（三）受让方已经实际履行股东职责或者享受股东权益的；

（四）国家有关部门判决、登记或公告生效的；

（五）本办法第三条第四至第七项行为已完成的；

（六）税务机关认定的其他有证据表明股权已发生转移的情形。"

关于报送的资料，《办法》第二十一条规定，"纳税人、扣缴义务人向主管税务机关办理股权转让纳税（扣缴）申报时，还应当报送以下资料：

（一）股权转让合同（协议）；

（二）股权转让双方身份证明；

（三）按规定需要进行资产评估的，需提供具有法定资质的中介机构出具的净资产或土地房产等资产价值评估报告；

（四）计税依据明显偏低但有正当理由的证明材料；

（五）主管税务机关要求报送的其他材料。"

6.4 "兼营"错用税率，少缴税被罚

在公司经营中，一些会计因为分不清"兼营"和"混合销售"而错用税率，错报税款，导致公司少缴了增值税而被处罚的情况时有发生。

某家公司从事餐饮品牌店加盟，如果有人加盟开店，就需要缴纳50万元的加盟费，再购买20万元的设备器材。公司的会计在报税的时候，认为公司收取加盟费是在销售服务，而向加盟者出售设备器材是在销售货物，因此公司属于混合销售性质，按照规定，应该按照主业的税率缴纳增值税。主业的税率为6%，因此会计计算出的需要缴纳的增值税为（50+20）×6%=4.2（万元）。

但实际上，会计把"兼营"和"混合销售"的模式混淆了，因此计算出的增值税是错误的。按照规定，加盟费属于无形资产，公司向加盟者收取加盟费不属于销售服务，公司也就不属于混合销售性质，而是属于兼营性质。而兼营和混合销售所收取税费的计算方式是不同的。按照兼营模式计算增值税，需要按照不同类别的税率分别计算和缴纳。销售货物的税率为13%，因此增值税包括收取加盟费的增值税50×6%=3（万元），出售设备器材的增值税20×13%=2.6（万元），共计5.6万元。

最终，该公司因为少缴了增值税受到了处罚。

分清兼营和混合销售，选用正确的税率，是公司开展多种业务并正确缴纳税款的必要条件。

不管是兼营还是混合销售，公司的经营业务都涉及销售货物和其他应税劳务。两者的区别在于，混合销售是指在同一项销售行为中既涉及货物销售又涉及增值税服务；而兼营则是指公司的经营范围不仅包括销售货物，也包括劳务、服务、无形资产或不动产。实行兼营模式的公司可以实现多种产业并存。简单来说，混合销售是向同一个购买方提供应税项目，由同一个购买方支付应税收入；而兼营则是向多个购买方提供应税项目，应税收入通常由不同的购买方支付，或者应税

项目之间没有从属关系。

例如，一家公司向某人销售某商品，同时提供送货上门服务。在这种情况下，销售货物和服务向同一个购买方提供，且项目之间具有从属关系，因此属于混合销售。而一家公司既销售蔬菜，又销售日用品，公司向多个购买方提供应税项目，且项目之间不具有从属关系，则该公司属于兼营。

公司发生兼营行为时，适用的增值税税率和经营活动的实质相关，一家公司可能发生多种经营行为，适用多个税率。

《财政部 国家税务总局关于全面推开营业税改征增值税试点的通知》（财税（2016）36号）附件2《营业税改征增值税试点有关事项的规定》第一条第一项规定了兼营的税务处理。试点纳税人销售货物、加工修理修配劳务、服务、无形资产或者不动产适用不同税率或者征收率的，应当分别核算适用不同税率或者征收率的销售额，未分别核算销售额的，按照以下方法适用税率或者征收率。

（1）兼有不同税率的销售货物、加工修理修配劳务、服务、无形资产或者不动产，从高适用税率。

（2）兼有不同征收率的销售货物、加工修理修配劳务、服务、无形资产或者不动产，从高适用征收率。

（3）兼有不同税率和征收率的销售货物、加工修理修配劳务、服务、无形资产或者不动产，从高适用税率。

也就是说，实行兼营模式的公司缴纳增值税需要根据不同的业务分别核算、分别纳税。如果未进行分别核算，就需要从高适用税率。

6.5 "送礼"给客户未代扣代缴个人所得税，被罚款

人情往来是生意场上不可缺少的环节，逢年过节的时候有些公司经常会向客户或合作伙伴赠送礼品以示友好，这本来是很正常的事情。然而，有些公司并没有意识到有时送礼也需要缴纳税款，结果导致延误缴税或漏缴税款。这种情况被税务部门发现后不仅需要缴清税款，还会被处以罚款。

中铝国际发布的 IPO 招股意向书中披露，中铝国际某分公司曾给公司外个人赠送礼品却未按照规定代扣代缴个人所得税，经税务部门查明，中铝国际不仅需要补缴赠送礼品所产生的个人所得税，还需要缴纳对应代扣代缴个人所得税的 50% 的罚款，罚款金额高达 151 892.81 元。

无独有偶，某公司为拓展业务，在营销活动中向公司外人员赠送了大量的实物礼品，礼品价值高达 90 000 元。税务部门在稽查中发现该公司在赠送完礼品后，并没有按照规定缴纳"其他所得"个人所得税。最终，公司在税务部门的要求下补缴税款 18 000 元，并缴纳罚款 18 000 元。

其实，向其他人员赠送礼品是否需要缴纳税款在相关的法律条文里有明确的规定。

首先，《中华人民共和国个人所得税法》第九条规定："个人所得税以所得人为纳税人，以支付所得的单位或者个人为扣缴义务人。"也就是说，如果送礼行为产生了相关的个人所得税，那么以支付所得的一方，也就是送礼的一方为扣缴义务人，送礼的一方需要承担代扣代缴个人所得税的义务。

其次，《财政部 国家税务总局关于企业促销展业赠送礼品有关个人所得税问题的通知》（财税〔2011〕50 号）中对需要缴纳个人所得税的送礼情形做出了详细的规定。

"一、企业在销售商品（产品）和提供服务过程中向个人赠送礼品，属于下列情形之一的，不征收个人所得税：

1．企业通过价格折扣、折让方式向个人销售商品（产品）和提供服务；

2．企业在向个人销售商品（产品）和提供服务的同时给予赠品，如通信企业对个人购买手机赠话费、入网费，或者购话费赠手机等；

3．企业对累积消费达到一定额度的个人按消费积分反馈礼品。

二、企业向个人赠送礼品，属于下列情形之一的，取得该项所得的个人应依法缴纳个人所得税，税款由赠送礼品的企业代扣代缴：

1．企业在业务宣传、广告等活动中，随机向本单位以外的个人赠送礼品，对个人取得的礼品所得，按照'其他所得'项目，全额适用20%的税率缴纳个人所得税。

2．企业在年会、座谈会、庆典以及其他活动中向本单位以外的个人赠送礼品，对个人取得的礼品所得，按照'其他所得'项目，全额适用20%的税率缴纳个人所得税。[①]

3．企业对累积消费达到一定额度的顾客，给予额外抽奖机会，个人的获奖所得，按照'偶然所得'项目，全额适用20%的税率缴纳个人所得税。"

除此之外，该通知还对税额的计算方式做出了规定："企业赠送的礼品是自产产品（服务）的，按该产品（服务）的市场销售价格确定个人的应税所得；是外购商品（服务）的，按该商品（服务）的实际购置价格确定个人的应税所得。"

如果公司的送礼行为属于需要缴纳个人所得税的范畴却没有纳税，则按照《中华人民共和国税收征收管理法》（以下简称《税收征收管理法》）第六十九条"扣

[①] 根据《财政部　税务总局关于个人取得有关收入适用个人所得税应税所得项目的公告》（财政部　税务总局公告2019年第74号）之规定，本条款第二条第一项、第二项现已废止。

缴义务人应扣未扣、应收而不收税款的，由税务机关向纳税人追缴税款，对扣缴义务人处应扣未扣、应收未收税款百分之五十以上三倍以下的罚款"的规定，对公司进行处罚。

公司在向客户送礼的时候，一定要明确这种送礼行为是否需要缴纳个人所得税。如需缴纳，则应按照规定在期限内缴清税款。

6.6 合同随意作废，增加缴税额度

公司在经营的过程中，常常会因为一些活动或行为产生税款，如果对可能产生税款的活动或行为不够了解，就会导致一部分应缴税款的遗漏，产生漏税现象。例如，很多公司的负责人没有意识到，即使合同被中途废止，其产生的应缴税款也需要缴清。

服装公司 A 公司与加工公司 B 公司曾签订了一份合同，合同约定由 A 公司提供服装原料，由 B 公司负责制作成衣，成衣交回 A 公司进行售卖。然而，合同签订一段时间以后，A 公司发现服装原料价格大幅上涨，制衣成本攀升，如果按照合同约定继续执行项目，A 公司将会遭受一笔巨大的损失。于是，A 公司与 B 公司进行商议，希望中止合作。经过协商，B 公司同意与 A 公司中止合作，废止合同，但需要 A 公司按照合同规定支付违约金。A 公司向 B 公司支付违约金后，因为合同未按照原计划履行，就没有申报缴纳印花税。结果，A 公司受到了税务部门的稽查，被责令补缴税款，并支付滞纳金和罚款。

《中华人民共和国印花税暂行条例》第一条规定："在中华人民共和国境内书立、领受本条例所列举凭证的单位和个人，都是印花税的纳税义务人（以下简称纳税人），应当按照本条例规定缴纳印花税。"

《中华人民共和国印花税暂行条例》第二条规定，"下列凭证为应纳税凭证：

1．购销、加工承揽、建设工程承包、财产租赁、货物运输、仓储保管、借款、财产保险、技术合同或者具有合同性质的凭证；

2．产权转移书据；

3．营业账簿；

4．权利、许可证照；

5．经财政部确定征税的其他凭证。"

《中华人民共和国印花税暂行条例》第七条规定："应纳税凭证应当于书立或者领受时贴花。"

也就是说，公司签订的合同属于纳税凭证的一种，需要按照规定缴纳印花税，并且需要在合同签订时进行贴花，按照规定进行申报。

对于合同的贴花，《中华人民共和国印花税暂行条例施行细则》（财税字〔1988〕第 255 号）第十四条规定："条例第七条所说的书立或者领受时贴花，是指在合同的签订时、书据的立据时、账簿的启用时和证照的领受时贴花。如果合同在国外签订的，应在国内使用时贴花。"

对于合同被取消或中止、未能如期履行的情况是否需要缴纳印花税的问题，《国家税务总局关于印花税若干具体问题的规定》（国税地字〔1988〕第 25 号）也给出了详细的解答。不兑现或不按期兑现的合同，"依照印花税暂行条例规定，合同签订时即应贴花，履行完税手续。因此，不论合同是否兑现或能否按期兑现，都一律按照规定贴花。"

根据这些法律条文可以确定，公司一旦签订了合同，不论合同是否如约履行，公司都需要按照规定缴纳印花税。即使合同因为意外被废止，也不影响印花税的正常缴纳。如果公司没有按照规定缴纳印花税，将会被处以罚款。因此，公司一定要重视合同的签订，在签订合同之前做好充分且周密的考虑，尽量降低合同作废的概率，以减少损失。

6.7 "无偿使用"的税务风险

有的公司为了避税或由于其他原因，偶尔会将场地等无偿提供给其他公司使用。有时，一些公司还会获得无偿使用场地等机会。大多数公司都会认为，"无偿使用"不管是对提供方还是对使用方来说都是好事，因为这样可以减少一部分资金开支。但实际上，"无偿使用"有可能给公司带来一些税务风险。

一般情况下，公司提供或获得的"无偿使用"机会大致包括两种：无偿使用场地、无偿借用资金。针对这两种情况，都有法律对应缴税款做了解释和规定。

首先是无偿使用场地。《营业税改征增值税试点实施办法》第十四条规定，"下列情形视同销售服务、无形资产或者不动产：

（一）单位或者个体工商户向其他单位或者个人无偿提供服务，但用于公益事业或者以社会公众为对象的除外。

（二）单位或者个人向其他单位或者个人无偿转让无形资产或者不动产，但用于公益事业或者以社会公众为对象的除外。

（三）财政部和国家税务总局规定的其他情形。"

《营业税改征增值税试点实施办法》第四十四条规定，"纳税人发生应税行为价格明显偏低或者偏高且不具有合理商业目的的，或者发生本办法第十四条所列行为而无销售额的，主管税务机关有权按照下列顺序确定销售额：

（一）按照纳税人最近时期销售同类服务、无形资产或者不动产的平均价格确定。

（二）按照其他纳税人最近时期销售同类服务、无形资产或者不动产的平均价格确定。

（三）按照组成计税价格确定。组成计税价格的公式为：

组成计税价格=成本×（1+成本利润率）

成本利润率由国家税务总局确定。"

也就是说，一旦公司将场地提供给其他单位或者个人使用，即使是无偿提供，其需要缴纳的增值税和企业所得税都需要视同销售服务，按照规定缴纳。

那么，如果公司得到了无偿使用场地的权限，是不是在税务上就没有风险了呢？

《财政部　国家税务总局关于房产税城镇土地使用税有关问题的通知》（财税〔2009〕128号）第一条规定："无租使用其他单位房产的应税单位和个人，依照房产余值代缴纳房产税。"

从中可以看出，如果公司无偿使用了其他单位或者个人的场地，那么使用方就需要依照房产余值代缴纳房产税。

其次，公司向其他单位或者个人无偿提供资金帮助，如果两者之间具有关联关系，那么根据《税收征收管理法》第三十六条规定："企业或者外国企业在中国境内设立的从事生产、经营的机构、场所与其关联企业之间的业务往来，应当按照独立企业之间的业务往来收取或者支付价款、费用；不按照独立企业之间的业务往来收取或者支付价款、费用，而减少其应纳税的收入或者所得额的，税务机关有权进行合理调整。"

如果两者之间不具有关联关系，那么按照《营业税改征增值税试点实施办法》第十四条规定，提供方也需要视同销售服务缴纳增值税。

"无偿使用"并不是合理有效的避税方式，相反，它还会给公司带来税务风险，让公司蒙受损失。

6.8 虚开增值税发票被处罚

2021年，深圳税务部门与警方合作查获了一起涉嫌虚开电子发票盈利的案件，抓捕了一个虚开电子发票的犯罪团伙。该犯罪团伙的5名成员控制了500多家在当地注册的空壳公司，利用开电子发票的便利异地开票，虚开了15万余份增值税发票，涉案金额达10亿多元。

同年，湖南娄底税务部门也联合公安部门成立专案组，查处了以张某为首的虚开增值税发票的犯罪团伙。犯罪人员为虚开增值税发票注册了20余家空壳公司，虚开金额达6亿余元。

虚开增值税发票不仅存在于犯罪团伙中，有些正常营业的公司也会有虚开增值税发票的情况，这些公司大多数都会因为虚开增值税发票而被处罚。

为什么会有公司冒着巨大的风险虚开增值税发票呢？虚开增值税发票对公司来说有什么意义呢？

首先需要明确什么是虚开增值税发票。《刑法》第二百零五条规定："虚开增值税专用发票或者虚开用于骗取出口退税、抵扣税款的其他发票，是指有为他人虚开、为自己虚开、让他人为自己虚开、介绍他人虚开行为之一的。"

《最高人民法院关于适用〈全国人民代表大会常务委员会关于惩治虚开、伪造和非法出售增值税专用发票犯罪的决定〉的若干问题的解释》中，对涉及虚开增值税发票的行为做出了详细的界定。

"具有下列行为之一的，属于'虚开增值税专用发票'：

（1）没有货物购销或者没有提供或接受应税劳务而为他人、为自己、让他人为自己、介绍他人开具增值税专用发票；

（2）有货物购销或者提供或接受了应税劳务但为他人、为自己、让他人为自己、介绍他人开具数量或者金额不实的增值税专用发票；

（3）进行了实际经营活动，但让他人为自己代开增值税专用发票。"

例如，某公司购置了1000元的办公用品，却开了2000元的发票，发票上显示的商品货物、支付金额与实际情况不一致，就是虚开增值税发票。

对一家公司来说，不管公司是买家还是卖家，虚开增值税发票都能让公司从中获利。如果卖家在己方记账的存根联上填写较小金额，在收票方发票联上填写较大金额，就可以利用两者数额之差，减少销项税额。卖家在纳税时使用金额较小的存根联，就可以减少纳税金额。而买家在抵税时使用金额较大的抵扣联，就可以抵扣较多税额。比如，一家公司售出500元的商品，在自己的存根联上记作300元，就只需要按照6%的税率缴纳18元。在买家的抵扣联上记作1000元，买家用发票进行报销，还可额外获利500元。虚开增值税发票，交易双方都有利可图，这就是虚开增值税发票屡禁不止的原因。

为了杜绝虚开增值税发票的现象，国家制定并公布了《全国人民代表大会常务委员会关于惩治虚开、伪造和非法出售增值税专用发票犯罪的决定》，其中第一条规定："虚开增值税专用发票的，处三年以下有期徒刑或者拘役，并处二万元以上二十万元以下罚金；虚开的税款数额巨大或者有其他严重情节的，处三年以上十年以下有期徒刑，并处五万元以上五十万元以下罚金；虚开的税款数额特别巨大或者有其他特别严重情节的，处十年以上有期徒刑或者无期徒刑，并处没收财产。有前款行为骗取国家税款，数额特别巨大、情节特别严重、给国家利益造成特别重大损失的，处无期徒刑或者死刑，并处没收财产。"

《刑法》第二百零五条也指出了对于虚开增值税专用发票、用于骗取出口退税、抵扣税款发票罪的处罚："虚开增值税专用发票或者虚开用于骗取出口退税、抵扣税款的其他发票的，处三年以下有期徒刑或者拘役，并处二万元以上二十万元以下罚金；虚开的税款数额较大或者有其他严重情节的，处三年以上十年以下有期徒刑，并处五万元以上五十万元以下罚金；虚开的税款数额巨大或者有其他特别严重情节的，处十年以上有期徒刑或者无期徒刑，并处五万元以上五十万元以下罚金或者没收财产。

单位犯本条规定之罪的，对单位判处罚金，并对其直接负责的主管人员和其他直接责任人员，处三年以下有期徒刑或者拘役；虚开的税款数额较大或者有其他严重情节的，处三年以上十年以下有期徒刑；虚开的税款数额巨大或者有其他特别严重情节的，处十年以上有期徒刑或者无期徒刑。"

第 7 章
Chapter 7

现金流风险：时刻警惕"钱"的危机

现金流是公司的命脉，决定着公司的生死存亡。一旦公司的现金流断裂，公司就会难以维持运营。许多大公司都是因为现金流断裂而遭遇破产倒闭的。因此，公司想要获得长久的发展，就要时刻警惕"钱"的危机，维持现金流的良性循环。

7.1 过度赊销，账面只有应收账款

应收账款，顾名思义，就是一家公司理应收取的账款。一家公司在正常的经营过程中，把产品、商品或服务销售给购买方，购买方就需要向公司支付资金。除此之外，购买方或接受劳务方还需要承担由购买行为产生的税金和其他人代付

第7章
现金流风险：时刻警惕"钱"的危机

的各种运杂费等，这些也是公司的应收账款。公司可以在确认收入的同时确认应收账款。

也就是说，应收账款是一部分被购买方所占用的资金，这部分资金本应随着交易行为的进行落到销售方手上，但因为种种原因没能落实到位，导致销售方暂时无法获得和支配这部分资金。

公司产生应收账款最主要的原因是赊销行为的发生。

赊销即信用销售，是交易双方以信用为基础，用赊欠的方式进行的销售。交易双方签订协议后，购买方可以在不付清全款的情况下将所需货品取走使用，之后再按约定好的期限将款项结清。在赊销过程产生的债务关系中，销售方为债权人，购买方为债务人，需要根据协议履行相关的债务。

赊销的形成原因主要有两种。

一是激烈的市场竞争迫使销售方不得不利用各种手段增加商品的销量，除了从商品的质量、价格、售前售后服务等方面进行改善，采用赊销的方式也能通过减轻购买方的压力增加商品的销量。在商品的质量、价格、售前售后服务等相关因素一致的情况下，购买方更倾向于选择那些可以赊销的商品，因为其可以通过赊销的方式节约成本并从中获利。商业竞争使赊销成为一种招徕顾客的手段。

二是一些产业的特性决定了销售方只能采用赊销的方式销售商品。这些销售方销售商品的时间和收到货款的时间不一致，销售和收款之间的时间差会导致赊销。例如，一些从事批发和大量生产、售卖商品的公司，由于结算手段落后，在销售了货物之后，公司就需要进行长时间的结算和确认。结算需要的时间越长，销售和收款之间的时间差就越大，赊销也就越严重。

赊销可以使商品的让渡时间和货款交付的时间分离，使交易的形式更加灵活。

如今市场经济逐渐开放，商业竞争日渐加剧，在以信用体系为交易基础的市场背景下，合理地采用赊销策略可以提高公司的竞争力，增加商品的销量，提高商品的市场占有率。同时，通过赊销，公司也能提高商品与资金之间的转化率，避免商品滞销，减少商品的库存，有利于实现销售目标。

但过度赊销，反而会使账面上只有应收账款而没有实际资金流通，容易带来现金流风险。

赊销虽然可以提高商品与资金之间的转化率，但是延长了资金的转化时间；虽然减少了商品的库存，但是这些商品转化成的资金并没有实际交付到销售方手上。过度赊销将导致公司的资金周转速度放慢，流动资金短缺，无形中加大公司的运营成本，使公司的经济效益下降。有的公司因为流动资金不足面临无钱可用的局面，为了维持公司的运营不得不选择借贷，提高了公司的负债率。

此外，过度赊销也会给账务的结算带来困难。销售和收款的时间跨度越长，赊销的情况越多，就越容易产生坏账，公司无法收回账款的风险也就越大。如果没有事先制定有效的保护措施，或者对购买方的信用评估有偏差，公司很可能面临巨大的经济损失。

为了保证公司的现金流安全，要谨慎采用赊销策略，防止过度赊销。

7.2　乱用财务杠杆，公司被负债压垮

财务杠杆是公司基于固定债务利息和优先股股利，通过适当的举债行为使每股普通股的净利润增加，从而使公司获得额外收益的一种方法。财务杠杆又称筹资杠杆或融资杠杆。很多公司为了提高公司的效益，都会使用财务杠杆。

财务杠杆究竟是以什么原理来工作的呢？

第 7 章
现金流风险：时刻警惕"钱"的危机

财务杠杆系数（DFL）=普通股每股收益变动率/息税前利润变动率。它是普通股每股收益变动率和息税前利润变动率的比值。财务杠杆系数越大，财务杠杆的效果就越大，反之则效果越小。

当公司的息税前利润增加时，由于债务利息和优先股股利是固定不变的，那么每一单位盈余所要负担的固定财务费用就会减少，每股的净利润就会增加，公司就能获得更多的利润。公司在筹措资金的时候，通过适当的举债，调整自己的资本结构，使债务对投资人的收益产生影响，这种行为就被称为对财务杠杆的应用。如果负债能够使公司的每股净利润增加，增加投资人的收益，那么这种财务杠杆就是正财务杠杆，反之就是负财务杠杆。

财务杠杆系数可以用来衡量财务杠杆的风险。财务杠杆系数越大，所产生的风险也就越大。滥用财务杠杆，可能让公司陷入财务危机。

韩国大宇集团曾利用财务杠杆实现了迅速发展，最后却因为负债 300 亿美元而宣告倒闭。大宇集团的落败是韩国历史上负债金额最大的公司破产案，其根本原因就在于大宇集团对财务杠杆的滥用。

当年，韩国正在经历严重的金融危机。此时，其他公司为了降低公司的经营风险，纷纷减少利息支出，变卖资产偿还债务。然而，大宇集团却反其道而行之，不但没有偿还之前的债务，反而继续发行大量的债券，用借贷的形式维持公司的经营。此举大大增加了大宇集团的债务负担，借款利率开始超过资产利润率，导致公司资不抵债。由于公司无法按期足额还本付息，公司的声誉受到了影响，银行不愿再给大宇集团提供资金，大宇集团的再融资能力大幅下降。在金融危机的影响下，大宇集团的资产负债率居高不下，最终公司被四家债权银行接管，一步步走向破产倒闭。

大宇集团的倒闭给了人们一个警示，想要为公司带来收益，就要合理地使用财务杠杆。财务杠杆一旦被滥用，将会加大公司的债务风险，甚至导致公司被负债压垮。

滥用财务杠杆，会给公司营造一种获得了大量且充足的周转资金的假象。公司用这笔资金扩大生产规模，一旦资金没有得到有效的利用，或者资金的转化率较差，公司的利润就难以出现明显的增长。当杠杆的成本超过利润时，公司就会出现亏损和资不抵债的情况。公司没有能力偿还债务，就会造成债务违约，其声誉和信用就会下降。一家公司的声誉和信用是非常重要的，声誉和信用出了问题会加大公司后续融资的难度。

除此之外，滥用财务杠杆还会导致公司对负债资金的依赖性增强，对资金的控制能力下降。为了避免债务违约，公司需要优先用资金来支付债务本息，再用剩余的资金进行其他投资或分红。滥用财务杠杆会造成公司的可支配资金减少，削弱了公司对资金的控制能力。

利用财务杠杆使公司获利的关键在于在适当的范围内合理使用。滥用财务杠杆不仅不会对公司有所帮助，还有可能给公司带来灾难。

7.3　库存积压，资源不能变现

一家公司的流动资金除了包括货币资金、应收账款，也包括公司的库存商品。正常情况下每家公司都会保持充足的商品库存，这是为了防止商品因销量太好，断货后无法及时补充库存而失去销售机会。一定量的库存可以满足人们的购买需求，增加商品的销量，提高商品的市场占有率。

商品的库存要合理适中。库存太少，商品断货后无法及时补充，难以满足市场需求；库存太多，就会造成库存积压，给资源变现加大难度。

第 7 章
现金流风险：时刻警惕"钱"的危机

库存积压严重导致的主要问题是商品周转率低，资源难以变现。大量商品积压，意味着公司很难靠快速出售商品来获取利润。公司失去了利润来源，也就缺少了可支配资金，很容易造成资金周转困难，甚至导致公司的现金流断裂。有的公司为了维持运营，不得不进行借贷或融资，加大了公司的债务风险。

此外，在商品滞销的同时，也会浪费大量的资源，增加公司的经营成本。因为这些库存商品关系着公司的流动资金，因此公司必然不会贸然将库存商品销毁，只能不断延长商品的存放时间。而库存积压将会长期占用公司的仓库空间，产生一系列存储费用，浪费大量的人力、物力和财力。库存商品滞销的时间越长，占用的资源就越多，公司需要投入的成本也就越大。

由于市场上技术更新频繁、产品迭代速度较快，库存商品积压时间过长，很容易被市场淘汰，失去其原有的价值。即使还没有完全退出市场，公司面对库存压力，也会不得不降价出售商品"以价换量"，这会导致公司的营业额降低、利润减少。商品被市场淘汰，售出的可能性进一步降低，付出的各种成本就很难得到回报，当利润难以弥补付出的成本时，公司就会遭受巨大的经济损失。

要避免库存积压给公司带来损失，就要从造成库存积压的原因入手解决。

造成库存积压的主要原因之一是公司预估的商品销售情况不准确。原材料的采购、商品的生产、销售计划的制订都是依据商品的销售预测来进行的，商品的销售预测和商品的库存情况息息相关。公司对商品了解不充分、对市场需求不了解、对商品的市场匹配度预测失误等都会导致商品的销售预测偏离市场的真实需求，造成库存积压。

因此，公司在生产之前，要对市场进行充分的调研，了解市场的真实需求。同时，完善销售部门与生产部门、生产部门与采购部门等的沟通与协调机制，让制订生产计划的人员充分了解市场需求，再根据市场需求制订生产计划。只有做好市场调研，把握好市场需求，做好准确的销售预测，制订合适的生产计划，才能有效避免库存积压。

有时候，库存积压是库存管理、物流对接等环节出现问题导致的。环节之间的对接出现偏差，就会导致想买的人买不到商品，想卖的商品堆积在仓库发不出去。针对这种情况，公司要注意完善管理制度及信息共享程序，做到科学化管理，及时了解销售终端的销售情况，适时、合理地向其配送商品。

对于客户退单或取消订单而造成的库存积压，公司要有一定的风险防范意识，制定相关的处理策略。在合作前就要有意识地与对方签订相关协议，减少公司承受的损失。

一旦有库存积压的迹象，公司就要及时调整销售策略，减少商品的积压库存。比如，进行适当的折扣促销活动，或者与其他商家进行合作，捆绑销售商品，尽可能多地把商品销售出去，以减轻库存压力，增加公司收益。

7.4 营运资金被占用，用钱时没钱

公司的营运资金是公司在日常经营中，可以运用、支配、周转和流动的资金，是公司流动资产和流动负债的总称。公司的流动资产减去流动负债的余额就是公司的净营运资金。营运资金作为维持公司正常运营所需的资金，与公司的经营活动和资金周转有密切的联系。保证营运资金充足是公司能够正常运营的关键，一旦公司的营运资金出现了问题，那么公司的运营也会受到影响。

公司的营运资金被占用，会给公司带来营运资金风险，限制公司的运营和发展。

营运资金风险就是公司在运营的过程中，因为营运资金不足以支撑公司的正

第 7 章
现金流风险：时刻警惕"钱"的危机

常运营，从而给公司的财务状况带来负面影响，造成公司经济损失的情况。营运资金风险是公司面临的主要的现金流风险之一，是非常严重的财务问题。一旦公司出现了财务方面的问题，将会对公司的发展不利，严重的甚至导致公司不能继续开展经营活动。

导致公司出现营运资金风险的原因有很多，如公司的资金周转速度慢、公司的资源转化率低、公司规模扩大需要筹集更多的营运资金等。其中，最主要的原因是公司的营运资金被过度占用。

营运资金被占用是指公司没有将营运资金投入公司的日常经营中，而是把公司的营运资金拿去投资或购置一些长期资产。这些资产无法在短时间内转化为可支配资金，导致公司在运营过程中需要资金的时候却无资金可用，造成营运资金风险，给公司带来财务危机。赊销等销售模式就是占用营运资金的一种表现，过度赊销会造成公司的资金周转困难，从而导致营运资金不足的局面。

由于营运资金被占用，无法维持公司的正常运营，为了弥补资金缺口，公司就会想办法从其他地方获得资金供公司运营。例如，借入短期资金进行填充，或者运用财务杠杆，从银行大量贷款，增加流动负债，满足购置长期资产的要求。但这样做会导致公司的偿债能力下降，引发流动性风险。

公司的营运资金被占用，会造成公司的营运资金不足和营运资金流动性不足，极易引起公司的现金流断裂。

著名的中国金属停产案就是因为营运资金不足造成现金流断裂，最终导致公司停产的。中国金属曾经实现了 113 亿元的年销售额，镀锌板产量在当年排名全国第二。中国金属的急速发展离不开大量的银行贷款、融资，但也正是这种高负债的运营模式将中国金属逼到了破产的边缘。在创下 113 亿元年销售额的第二年，中国金属旗下五家子公司就因资金不足而全面停产，并且发布公告称，公司已无法偿还 7.06 亿元的营运资金贷款及 52 亿元的其他各项贷款。营运资金不足导致曾经辉煌的中国金属停牌至今。

中国普尔斯马特超市则是因为营运资金流动性不足而退出市场的。中国普尔斯马特超市一经成立就迅速成为中国最大的零售商之一。面对如此大规模的扩张，中国普尔斯马特超市用当地银行的高额贷款在各地开设新店，用赊销的方式经营，甚至调配其他门店的营运资金作为新店的资本金。大量营运资金被占用导致中国普尔斯马特超市的营运资金流动性严重不足，最终中国普尔斯马特超市因无法偿还银行贷款而垮掉。

公司在经营的过程中，一定要重视公司的资金链情况，确保公司的营运资金不被过度占用，以免在需要资金时遇到资金不足的情况。

7.5 杠杆失控导致欠债 40 亿元

财务杠杆因其能够给公司带来巨大的利益而对创业者有着强烈的吸引力，很多创业者为了使公司创造更多的利益，不惜冒着负债的风险使用财务杠杆。合理地使用财务杠杆确实能够提升公司的效益，但是不合理地滥用财务杠杆很容易导致杠杆失控，最终导致公司背负巨额外债，而这笔债务很有可能就是压死骆驼的最后一根稻草。

有许多辉煌一时的公司因为难以偿还巨额外债而破产倒闭，其中不少是因为财务杠杆使用不当导致的。

浙江纵横集团曾是绍兴纺织业的龙头企业，其经营业务横跨化纤、钢铁、房地产、金融等多个领域。集团董事长兼总经理袁柏仁更是挽救了损失近 200 万元的原绍兴县色织五厂并使其成功实现盈利。然而，就是这样一家强大的公司，却

第7章
现金流风险：时刻警惕"钱"的危机

因为杠杆失控走向没落。就在袁柏仁以70亿元的财富入围"胡润百富榜"之后的第15天，纵横集团就陷入了严重的财务危机，资不抵债，亏空近40亿元。

国际经济危机导致纵横集团的纺织出口生意遭受严重打击，加之原材料价格大幅上涨，纵横集团面临激烈的市场竞争。面对严峻的形势，纵横集团铤而走险，先后在15家银行形成超过40亿元的表内信贷和表外业务。最终导致纵横集团债务压力过大，难以按期偿还债务，形成了败局。

无独有偶，富贵鸟作为国民度极高的本土皮鞋品牌，曾被称作"中国皮鞋之王"，拥有广阔的市场，鼎盛时期有近万名员工。然而十几年后，富贵鸟却悄然退市并宣布破产，只留下了数十亿元的债务。

富贵鸟的破产也与过度使用财务杠杆有关。上市之后，富贵鸟没有抵御住高杠杆的巨大诱惑，开始涉足互联网金融，试图靠理财创造利润。同一时期，富贵鸟发展了多种业务，成立了众多子公司，然而因为没有进行周密的规划，这些业务亏损严重。为了扭转亏损的局面，富贵鸟开始进行多元化投资。然而，疯狂的金融投资并没有达到预期的效果，反而把富贵鸟拉入了深渊。短短四年时间，富贵鸟就亏损了30亿元，并欠下了巨额债务。最终，富贵鸟被债务拖垮，在市场上销声匿迹。

纵横集团和富贵鸟都曾是资金雄厚的大公司，但因为过度使用财务杠杆，最终没能逃过财务危机。

这两家大公司因杠杆失控而导致破产的案例向众多创业者传达了一个重要的道理：财务杠杆虽然可以为公司带来一定的收益，但是一定要结合公司的实际情况，在合理的范围内使用，一旦使用过度，就会导致杠杆失控，造成难以挽回的局面。

7.6 上市公司破产，只因应收账款太多

现金流是一家公司的生命线，只有保证现金流不断裂，公司才能持续平稳地经营。很多人认为，现金流只对小公司意义巨大，而大公司则对现金流没有那么强的依赖性。但实际上，现金流的重要性对任何一家公司来说都是一样的，因为应收账款太多而导致的现金流断裂，也可能会让上市公司陷入破产危机。上市公司规模较大，对资金的需求更大，现金流断裂有时会对上市公司造成更大的影响。

电池产业巨头沃特玛就是因为应收账款太多、回款太慢而导致出现一系列财务危机，最终宣告破产的。沃特玛于2002年成立，是国内最早研发磷酸铁锂新能源汽车动力电池并实现批量化生产和应用的电池公司之一，拥有极高的市场份额，和宁德时代、比亚迪并称为"动力电池三巨头"。鼎盛时期的沃特玛甚至实现了3亿元的季度盈利，一度超过比亚迪，是磷酸铁锂电池产业的龙头企业。

此后，沃特玛被坚瑞沃能以52亿元收购，两家公司的结合结束了坚瑞沃能在当时因主业无力而停牌四次的尴尬局面，实现了业绩暴增。其中大部分是沃特玛的功劳。

然而一年之后，沃特玛就因为财务危机导致业绩一路下滑。材料显示，沃特玛因为应收账款过多、回款太慢，出现了现金流断裂的情况，深陷财务危机。沃特玛的财务危机也导致了坚瑞沃能的连年亏损，生产经营受到了极大的影响。最终，沃特玛彻底溃败，宣告破产倒闭。公告显示，沃特玛负债约197亿元，其中拖欠559家供应商债权约54亿余元。

张先生曾是一家上市公司的股东，他的公司曾经实现了1亿元的年收入，却因为应收账款过多、现金流断裂面临倒闭。

张先生表示，拖垮公司的主要原因是公司在平时的经营过程中产生高额的应收账款，这些应收账款积压太久，未回款项太多，有的款项账龄甚至有十年之久，

第 7 章
现金流风险：时刻警惕"钱"的危机

金额达 1 亿多元。大量产生应收账款的时候，公司正处于现金流充足的状态，而等到公司急需用钱的时候再去催讨应收账款已经来不及了。应收账款过多直接导致公司现金流断裂，而现金流断裂又直接影响了公司的经营。最终，这家上市公司也同沃特玛一样，深陷财务危机，宣告破产。

第 8 章 Chapter 8
代理记账风险：别让"省心"变"糟心"

在创业初期，创业者往往需要考虑各个方面的问题。对于财务方面的事宜，很多创业者会选择交给代理记账公司去处理。让代理记账公司处理公司的财务事宜，相对来说它更加专业，自己也更加省时省力，但有时也会存在风险。代理记账涉及公司的账款，对于可能存在的代理记账风险，创业者同样需要加以重视并提前规避。

8.1 低价代理记账公司的致命陷阱

对创业者来说，选择代理记账公司进行财务管理是不错的选择。在选择代理记账公司时，创业者往往会有诸多疑虑：为什么不同的代理记账公司收费差那么多？是否要选择价格最低的代理记账公司？

第 8 章
代理记账风险：别让"省心"变"糟心"

创业者要先分析一个问题：代理记账公司真能低价吗？任何代理记账公司的目的都是盈利，但为什么有的代理记账公司却打出了"0 元注册，代理记账 99 元起"的广告？答案就是这只是一种吸引客户的营销手段而已，可能后期会有隐形收费，也可能创业者会得到与低价相匹配的低质服务。

代理记账公司并不能做到真正的低价，从推销的角度来说，低价只是推销的前奏。代理记账公司会先提供某种低价的服务，再推销高价的服务。最初的低价是为了之后的高价，而且收费往往会更多、更贵。

例如，创业者张青看到某代理记账公司推出的"0 元注册，99 元代账"的广告，十分心动，与其签订了代理记账合同，每月支付 99 元的代理记账服务费。但短短三个月之后，该公司的代理记账服务就涨到了每月 200 元，超过了市场平均水平。这时，张青虽然对涨价不是很满意，但也接受了这个价格，因为更换财务人员对公司来说是一件十分麻烦的事。

因此，创业者不能盲目相信代理记账公司提出的低价优惠，而是要认真思考，规避代理记账风险。

为避免落入代理记账公司的陷阱，创业者必须审核代理记账公司的资质，与正规的代理记账公司签订完善的合同，明确双方的责任和分工。在签订代理记账合同时，创业者需要注意以下事项。

1. 审核代理记账公司的资质

在签订合同之前，创业者需要对代理记账公司的以下资质进行审核。

（1）明确代理记账公司是否是在市场监督管理局登记注册的有限公司。

（2）明确代理记账公司是否有合法的经营场所，并确保经营场所的干净整洁和安全，以保证公司存放于此的档案的安全性。

（3）明确代理记账公司是否具有当地财政局颁发的"代理记账许可证"。只有获得该证件，代理记账公司才能够开展代理记账业务。

（4）代理记账公司需要使用在财政局备案过的、专业的财务软件处理记账工作，创业者需要对这一点进行审核。

（5）明确代理记账公司是否有一定数量的专业从业人员。

2．核对收费项目

一些不良代理记账公司会在代理记账合同中设置隐性条款，对收费项目的描述也十分模糊，这些都成了代理记账公司日后多收费的借口。为避免落入这一陷阱，创业者需要对合同中的收费项目进行核对，确定每项收费是否公开透明、合理合法。

3．明确财务交接条款

财务交接是财务工作中的重要环节，完善的代理记账合同需要有明确的财务交接条款。即在合同期限内，双方需要约定好财务交接的期限，同时编制"移交清单"，列明应移交的财务凭证、财务账簿、财务报告等，保证公司的财务工作持续顺利开展。

4．明确各方责任并制定违约条款

在代理记账合同中，代理记账公司需要按时处理好公司的财务工作，公司也需要按规定向代理记账公司支付费用。为确保双方的利益不受侵害，应在代理记账合同中制定违约条款，如果代理记账公司没有按规定履行合同义务，使公司遭受损失，那么公司可依据违约条款向代理记账公司索赔，以减少自己的损失。

在签订代理记账合同时，创业者需要注意以上几个要点，了解代理记账公司是否具备相关资质，明确双方的职责和详细的合作方式，以免给公司带来不好的影响。

8.2 如何找到"靠谱"的代理记账公司

为解决公司的财务问题，创业者钱中打算找一家代理记账公司合作。他根据网络广告找到了一家代理记账公司，并进行了实地考察。该代理记账公司的规模较小，一共只有十余名员工，但对方负责人表示，公司代理记账的价格实惠，并且虽然员工少，但都是具有会计从业资格证书的专职人员。听到这些后，钱中比较满意，于是与其签订了代理记账合同。

但一个月之后，钱中在查看公司账目时才发现账目很乱，一些应该缴纳的税务也没有及时缴纳。钱中在就此事与代理记账公司沟通时，才发现负责公司财务工作的财务人员根本就没有会计从业资格证书。针对这一事件，对方负责人表示是自己的失误，安排错了财务人员，并弥补了钱中的损失。

由于更换代理记账公司并不容易，钱中也没有过多计较这件事。但是，在此后双方的合作中，钱中却经常为一些本该不会出现的失误与代理记账公司沟通。虽然代理记账公司每次都承认错误并赔偿损失，但这段合作仍给钱中带来了十分不好的体验。合同到期后，钱中就结束了与对方的合作。

以上这些问题可能很多创业者都会遇到。如果与一家不靠谱的代理记账公司达成了合作，那么创业者就要面对数不清的麻烦。为规避这一风险，创业者需要选择专业的代理记账公司。

创业者可以通过以下技巧来判断代理记账公司是否专业。

1. 通过代理记账公司的资质判断

代理记账公司只有具备当地财政局颁发的"代理记账许可证"，才具有开展代理记账业务的资质。同时，一家正规的公司也需要具备营业执照。创业者需要对以上代理记账公司证件进行检查，确保代理记账公司合规。

2．通过代理记账公司财务人员的资质判断

除代理记账公司的资质外，创业者还需要对其公司里的财务人员进行检查。

《代理记账管理办法》第四条规定，"申请代理记账资格的机构应当同时具备以下条件：

（一）为依法设立的企业；

（二）专职从业人员不少于3名；

（三）主管代理记账业务的负责人具有会计师以上专业技术职务资格或者从事会计工作不少于三年，且为专职从业人员；

（四）有健全的代理记账业务内部规范。

代理记账机构从业人员应当具有会计类专业基础知识和业务技能，能够独立处理基本会计业务，并由代理记账机构自主评价认定。"

创业者需要核实财务人员是否具备会计从业资格证书、主管代理记账业务的负责人是否具备会计师以上专业技术职务资格，以及相应的工作经验等。专业的财务人员不仅熟悉代理记账的工作流程，还能为创业者提供财务咨询与指导。

3．通过代理记账公司的设备判断

专业的代理记账公司具备专业的用于做账的电子设备，并配有相应的财务软件。只有在先进设备、技术的支持下，代理记账公司的业务交流和工作输出效率才会高。

4．通过代理记账公司的场地环境判断

专业的代理记账公司都是有固定的办公场地的。同时，办公场地的大小、环境情况等都能反映代理记账公司的实力、规范性。如果一家代理记账公司的办公场地很小、办公环境很差，就很难让人相信公司的专业性。

8.3 更换代理记账公司的注意事项

在和代理记账公司合作的过程中，还存在这样一种风险，即在合同期满，创业者与代理记账公司解除合作之后，才发现代理记账公司为自己挖了一个大大的陷阱。

某科技有限公司（以下简称公司）的创始人杨文就落入了这样的陷阱。在创业初期，经朋友介绍，他与一家代理记账公司达成了合作，委托对方处理公司的财务工作。由于缺乏社会经验和财务知识，杨文并没有按时查账。

一年之后，杨文与代理记账公司的合约期满，这时他才发现自己掉进了一个"大坑"。当时，公司的产品处于研发阶段，还没有上市，因此公司一直有研发支出，但没有营业收入。但这种情况并没有反映到公司的财务报表上，在代理记账公司给出的财务报表中，公司的账面盈亏始终是"0"。

已经得到天使轮融资的杨文拿着这份"收支平衡"的财务报表，不知道怎样向投资人交代：投资的钱花出去了，却不知道花在了哪里。无奈之下，杨文花了大量的时间和精力，通过查询各类支出，将研发等费用支出梳理了一遍。杨文花钱雇佣代理记账公司，不仅没有得到应有的服务，还徒增了不少麻烦。

以上案例表明，即使与代理记账公司结束合作，对方还是有可能为公司留下陷阱的。为规避这种风险，创业者需要定期查看公司的账目，明确公司的收支情况及税务申报情况，如果发现问题，则需要及时与代理记账公司沟通，避免承受更多损失。

8.4　找个人代理记账行不行

公司选择第三方进行代理记账普遍有两种选择：一种是选择个人代理，即找一个兼职会计记账；另一种就是选择代理记账公司。这两种方式哪种更靠谱？找个人代理记账会不会有问题呢？

一般情况下，个人代理记账是不被推荐的，原因有以下几个方面。

首先，个人代理记账可能违反部分相关法律法规的要求。例如，在《代理记账管理办法》中就有以下规定："除会计师事务所以外的机构从事代理记账业务，应当经县级以上地方人民政府财政部门（以下简称审批机关）批准，领取由财政部统一规定样式的代理记账许可证书。具体审批机关由省、自治区、直辖市、计划单列市人民政府财政部门确定。"同时规定，"申请代理记账资格的机构应当同时具备以下条件：

（一）为依法设立的企业；

（二）专职从业人员不少于 3 名；

（三）主管代理记账业务的负责人具有会计师以上专业技术职务资格或者从事会计工作不少于三年，且为专职从业人员；

（四）有健全的代理记账业务内部规范。

代理记账机构从业人员应当具有会计类专业基础知识和业务技能，能够独立处理基本会计业务，并由代理记账机构自主评价认定。"

另外，《中华人民共和国会计法》（以下简称《会计法》）第三十六条规定："各单位应当根据会计业务的需要，设置会计机构，或者在有关机构中设置会计人员并指定会计主管人员；不具备设置条件的，应当委托经批准设立从事会计代理记账业务的中介机构代理记账。"由此可见，个人代理记账并没有经过相关法律法规

第 8 章
代理记账风险：别让"省心"变"糟心"

的认可，因此具有一定的风险。

其次，个人的信用度和业务能力得不到保障。相比正规的代理记账公司，个人并不会与公司签署严格的协议。一旦公司的财务出现问题，个人没胆量也没能力解决问题，很有可能逃避责任，使公司独自承担损失。而代理记账公司实力雄厚、制度完善、分工明确，一旦出现财务问题将会按照协议和规定承担责任并协助解决，将公司的损失降到最低。另外，个人没有经过专业的考察，其业务能力很难得到保障，遇到复杂的财务问题时往往难以妥善处理。而代理记账公司的工作人员经过严格的选拔，有较高的职业水平，其业务能力有所保障，能够妥善处理复杂的财务问题。

个人代理记账虽然有自己的优势，但是相对于专业的代理记账公司来说，个人代理记账也面临着更多的风险。从整体上考虑，选择代理记账公司进行代理记账会更有保障。

8.5 业务不专业，账目错乱

在创业之初，创业者孙琦为更快、更好地处理公司的财务工作，与某代理记账公司达成合作，委托对方处理公司的财务问题。三个月之后，孙琦在查账时才发现，代理记账公司提供的财务报表极其混乱，利润表、资产负债表含糊不清，根本无法据此分析公司的财务情况。

经过一番了解孙琦才发现，代理记账公司对员工的管理极不完善，每个月来公司交接财务数据的财务人员都不是同一个人，导致对方对公司的财务情况缺乏全面的了解。同时，负责公司财务工作的财务人员没有足够的财务经验，难以处理复杂的财务数据，记账和报税的效率都很低，制作的财务报表也有很多遗漏，甚至存在数据错误的问题。这些都导致公司的账目混乱，根本无法为决策提供依据。

无奈之下，孙琦只得解除了和该代理记账公司的合作，并选择了一家规模更大、人员和设施设备更齐全的代理记账公司处理公司的财务问题。新的代理记账公司将公司的乱账、旧账进行了梳理并建立了清晰准确的新账，解决了许多公司在财务方面存在的风险。在新的代理记账公司的协助下，孙琦也能够更顺利地开展业务和进行公司管理了。

如果代理记账公司的财务人员不专业，不能梳理各种财务数据并准确记账，就会导致公司的账目混乱，为公司带来诸多风险。为规避这种风险，创业者要选择具有相关资质、规模较大、人员配备齐全、专业的代理记账公司。这样的代理记账公司具有经验丰富的会计人员，能够使用专业的软件进行财务核算，同时在对账目进行核对和比较时，也能够发现并更正账目中存在的问题，保证账目的完整性和准确性。此外，创业者也需要对公司的账目进行及时核查，及时发现账目中的问题并规避风险。

8.6 权责不清，出问题没人理

张阳是某公司的总经理，为节省开支，他委托一家代理记账公司处理公司的财务工作。一个月之后，张阳在查账时发现，公司上个月并没有缴纳印花税，导致现在不仅要补缴印花税，还要缴纳从滞纳之日起的滞纳金。

张阳针对此问题与代理记账公司沟通，要求对方对此负责。哪知对方却表示，其未及时缴纳印花税是因为张阳的公司没有及时提供相关的财务数据，因此张阳没有理由对代理记账公司问责。张阳表示，既然签订了代理记账合同，那么公司

第8章
代理记账风险：别让"省心"变"糟心"

的一切财务工作自然由代理记账公司负责。双方各执一词，最终不欢而散。

如果公司与代理记账公司之间的权责不清，当出现问题时，双方就有可能相互推诿，这对公司的财务管理是极为不利的，也会让创业者遭受更多损失。为避免这种风险，创业者需要和代理记账公司签订完善的代理记账合同，明确双方的职责，并约定违约责任。代理记账合同模板如表8-1所示。

表8-1 代理记账合同模板

甲方（委托方）： 乙方（受托方）： 甲方因经营需要，委托乙方代理记账，为维护双方权益，根据《民法典》及《代理记账管理办法》等法律法规的规定，甲乙双方经友好协商，达成如下协议。 一、委托时间 乙方接受甲方委托，对甲方　　年　　月至　　年　　月的财务工作进行代理记账。 二、业务范围 1．代理记账。 （1）每月做账报税。 （2）装订会计凭证、账簿。 （3）每月提供资产负债表、利润表，每季度提供企业所得税报表。 2．代理申报纳税，协助公司处理税务工作。 3．财务管理咨询。 三、甲方的责任和义务 1．甲方应健全企业管理制度，依法经营，保证原始凭证真实、合法、完整。 2．甲方应在每月　　日前为乙方提供真实、完整的财务资料，包括发票的使用情况、银行存款情况等，对提供的原始凭证的真实性、完整性负责。如果甲方提供的资料不完整或提供虚假的财务资料，致使乙方无法顺利工作，或导致有关部门处罚的，由甲方负责。 3．对于乙方退回的、需要按照国家统一会计制度规定进行更正、补充的原始凭证，甲方应及时进行更正、补充。 4．甲方应安排专人负责现金的收付，做好会计凭证的登记和保管工作，保管好所有的往来单据。 5．甲方应将收到的市场监督管理部门、税务部门的通知及时、准确地传达给乙方。 6．甲方应为乙方的代理记账人员提供必要的工作协助。 7．甲方应按本合同规定及时支付代理记账费用。 8．甲方应承担乙方在代理记账过程中的会计用品费用。 9．甲方应承担在办理纳税申报等事项时，乙方所发生的工本费。 10．如在合同期限内，甲方公司的公司性质发生改变，那么代理记账费用也按乙方公司的收费标准改变。 11．如甲方拖欠代理记账费用一个月以上且断联，乙方可停止做账报税，导致有关部门处罚的，由甲方负责。

续表

四、乙方的责任和义务
1．乙方应根据《会计法》《企业会计准则》，以及各项税收管理有关规定开展代理记账业务。
2．乙方应根据甲方的管理需要，选择合适的会计核算制度。
3．乙方应做好凭证签收工作，指导甲方保管会计档案并在合同终止时做好财务交接工作。
4．乙方应审核甲方提供的原始凭证，填写记账凭证，登记会计账册，制作会计报表。同时，乙方应保管好甲方的会计资料，因乙方原因致使甲方资料丢失、损坏的，应由乙方负责弥补并承担相应的经济损失。
5．乙方应对甲方的商业秘密和会计资料严格保密，不得向外透露。
6．税务部门到甲方检查时，如有必要，乙方应到场，并根据需要向税务部门汇报。
五、代理记账费用的结算方式
经甲乙双方协商，代理记账费用为每月人民币　　　　元，按季度，由甲方于合同签订后 7 日内支付。
六、违约责任
1．任何一方如违反合同规定，给对方造成损失的，则依《民法典》的规定承担违约责任。
2．合同存续期间，任何一方终止合同，应提前一个月通知对方，并向对方支付 500 元违约金。
七、本合同一式二份，甲乙双方各执一份。
八、本合同自甲乙双方签字盖章之日起生效。
甲　方：　　　　　　　　　　　　　乙　方：
代表人：　　　　　　　　　　　　　代表人：
年　月　日　　　　　　　　　　年　月　日

创业者可以参考以上模板与代理记账公司签订代理记账合同。合同中要注明委托时间、业务范围、双方的责任和义务、费用的结算方式及违约责任等，如有增值服务，也要注明增值服务的收费标准。权责清晰的代理记账合同能够明确创业者和代理记账公司的责任和义务，明确双方在什么时候做什么事。在双方合作出现问题时，创业者也能够明确找到出现问题的原因，以合同为依据进行精准问责。

8.7 错过优惠政策，公司白花"冤枉钱"

李超是某公司的创始人，公司创立之初，业务开展、员工招聘、财务管理等工作让他身心俱疲。为了更好地管理公司，他将公司的财务工作委托给一家代理

第 8 章
代理记账风险：别让"省心"变"糟心"

记账公司负责，自己则集中精力处理公司业务。

一天，李超偶然间听到同行感叹最近出台了一个税收优惠政策，正好可以为大家的公司减少税收。李超听后十分高兴，但他与代理记账公司的财务人员沟通此事时，对方却含糊不清。经过询问，李超才知道，虽然公司能够享受该优惠政策，但代理记账公司的财务人员并没有关心优惠政策的动向，更没有提前对相应的政策进行调查，也不清楚如何申报，最终错失良机。

上述案例就体现了代理记账的一种风险。事实上，代理记账并不只包括按时进行纳税申报、财务数据统计工作，代理记账公司除做好这些本职工作外，还要帮助公司做好税务筹划，了解各种税收优惠政策并帮助公司合理节税。如果由于代理记账公司的失误，公司错过了税收优惠政策，就会使公司面临多缴税款的风险。

缴纳税款是公司的重要支出，为减轻税负、促进中小企业的发展，财政部出台了一系列税收优惠政策。例如，2019年1月18日，财政部、国家税务总局发布了《关于实施小微企业普惠性税收减免政策的通知》。该通知对新创立的小型微利企业给予了力度很大的税收减免政策。其中，主要的税收优惠、条件及计算方法如下。

（1）免征增值税：月销售额10万元以下（含本数）的增值税小规模纳税人。

（2）放宽小型微利企业的认定条件：不再区分工业企业和其他企业，统一按照"从事国家非限制和禁止行业，且同时符合年应纳税所得额不超过300万元、从业人数不超过300人、资产总额不超过5000万元三个条件"认定小型微利企业，如表8-2所示。

表 8-2　小型微利企业的认定条件

	原优惠政策	普惠性税收减免政策
行业	国家非限制和禁止行业	国家非限制和禁止行业
年应纳税所得额	不超过 100 万元	不超过 300 万元
从业人数	工业企业：不超过 100 人	不超过 300 人
	其他企业：不超过 80 人	
资产总额	工业企业：不超过 3000 万元	不超过 5000 万元
	其他企业：不超过 1000 万元	

（3）企业所得税税收优惠计算：2019 年 1 月 1 日至 2021 年 12 月 31 日，对小型微利企业年应纳税所得额不超过 100 万元的部分，减按 25%计入应纳税所得额，按 20%的税率缴纳企业所得税；对年应纳税所得额超过 100 万元但不超过 300 万元的部分，减按 50%计入应纳税所得额，按 20%的税率缴纳企业所得税。

创业者可以多关注国家税收减免政策，以便在减轻缴税负担的同时为自己争取更多的发展资金。

| 第4篇 |

经营风险

第 9 章
Chapter 9

合伙风险：如何打破"财聚人散"的魔咒

很多创业者会选择合伙创办公司，对资金或人力不足的创业者来说，合伙创办公司确实是一个不错的选择。但在多人共同创办公司的情况下，一旦出现问题，就容易造成"财聚人散"的局面。怎样避免"财聚人散"，对所有合伙创办公司的创业者来说都是一个亟待解决的难题。

9.1 公司账户内的钱可以随意取用吗

公司账户即对公账户，是存款人以单位名义开立的用于转账结算和现金收付的银行结算账户。公司账户按用途可分为基本存款账户（用于现金支取）、一般存款账户（用于现金缴存）、临时存款账户（用于临时需要、在规定时限内使用）和

第9章
合伙风险：如何打破"财聚人散"的魔咒

专用存款账户（用于特定用途资金的专项管理和使用）。一家公司在一家银行只能开立一个基本存款账户。

公司办理完营业执照后须在 30 天内到税务局办理登记手续，备案完毕后即可选择合适的银行作为公司账户的开户行，并携带所需材料前往银行申请开立公司账户。一般情况下，公司账户的办理需要 7～15 个工作日，公司账户开立完成后即可投入使用。

开立公司账户一方面可以满足开票、扣税、缴纳员工社保等业务需要，另一方面可以保证公司资金使用透明，降低风险。在对外开展业务时，使用公司账户可以提高公司的可信度，有利于公司业务的开展。

小林创办了一家公司，一段时间后公司账户上有了一些收益。小林想把公司账户内的钱取出，却被公司的会计告知公司账户内的钱不能转到老板的个人账户中。小林很疑惑，明明是自己的公司，为什么公司的钱不能转到自己的账户中呢？

《公司法》第三条规定："公司是企业法人，有独立的法人财产，享有法人财产权。公司以其全部财产对公司的债务承担责任。有限责任公司的股东以其认缴的出资额为限对公司承担责任；股份有限公司的股东以其认购的股份为限对公司承担责任。"

也就是说，公司账户内的财产是独立的，与股东的个人财产不能混为一谈。公司在成立的时候，公司本身即为独立的法人，因此公司账户内的财产是属于法人，即公司本身的。尽管公司的法定代表人可以经过授权代表公司行使职权、从事法律活动，但无权随意使用公司账户内的财产。此外，公司的创始人属于公司的股东或投资人，也不能随意将公司账户内的财产转移到个人账户中。如果股东、法定代表人、会计等人未严格按照相关程序取用公司财产，则有可能需要承担法律责任。

若公司股东需要合理合法地从公司账户内取用财产，则可以选择以下办法。

一是股东分红，即经过董事会商议，根据利润分配，以分红的名义向股东的个人账户内转入分红款项。采用此种方式需要按规定缴纳个人所得税。

二是将股东视作公司员工，以发工资的形式向股东支付钱款。采用此种方式，公司及个人需要按规定缴纳社保、个人所得税等款项。

此外，如果不成立公司，选择成立个体工商户或个人独资企业，在这种情况下公司没有法人地位，公司财产就等同于个人财产，那么公司账户内的财产就可以直接转到企业主的个人账户中了。

9.2　夫妻两个当股东，能规避公司人格混同风险吗

公司和股东相互独立、彼此分离是公司获得法人地位的前提，但在实际生活中经常会发生公司股东与公司财务混同、业务混同等情况。在这种情况下，公司股东远离公司业务的规则被破坏，公司实际上被股东所控制，失去了原有的独立性，使交易方分不清自己究竟是在与公司还是在与个人交易，这就是公司人格混同现象。

《公司法》第二十条规定："公司股东应当遵守法律、行政法规和公司章程，依法行使股东权利，不得滥用股东权利损害公司或者其他股东的利益；不得滥用公司法人独立地位和股东有限责任损害公司债权人的利益。"在诉讼时，公司股东需要举证自己与公司的财务、业务是各自独立的，否则将承担法律后果。

有的人为了规避这种风险，在创办公司时选择夫妻二人共同注册成为公司股东。那么，这种方式真的能够有效规避公司人格混同风险吗？

第 9 章
合伙风险：如何打破"财聚人散"的魔咒

我们可以先来看两个案例。

案例一：

A 公司因逾期未偿还欠款被 B 公司诉至吉林省高级人民法院。在此案件中，A 公司实际股东为夫妻二人。法院认为，公司经营由丈夫全权负责，妻子并未参与，公司未曾召开过股东大会，且公司的资金往来均来自个人账户，因而公司不具有独立法人地位，造成了公司人格与股东人格混同。最终，法院判决由夫妻二人对公司债务承担连带责任，共同承担公司债务。

案例二：

高某与张某夫妻二人成立了 C 公司并同为公司股东。孙某以合同纠纷为由将 C 公司诉至法院，要求公司承担责任。虽然高某与张某在合同纠纷之后办理了协议离婚，解除了夫妻关系，但由于该纠纷发生于双方婚姻存续期间，且高某不能证明其个人财产与公司财产相互独立，因此法院判决高某与张某共同承担责任。

通过以上两个案例可以看出，法院判定公司是否存在人格混同的主要标准是公司是否具有独立法人地位，是否具有独立业务与财产。如果不能证明个人财产与公司财产割裂，就会被判定为公司人格混同。公司股东是否为夫妻二人与公司是否存在人格混同并没有关系，用夫妻二人共同注册为公司股东的方式来规避公司人格混同风险是不可行的。不仅如此，由于夫妻二人存在婚姻存续关系，还有可能被判决承担连带责任。

夫妻共同当股东能规避公司人格混同风险的说法来自非一人公司很少发生人格混同的情况。一般情况下，之所以认定非一人公司不存在人格混同，是因为默认同一公司不同股东之间不存在利益一致性，因此股东之间可以相互制约，进而保证公司财产的独立性。然而，夫妻关系与普通二人关系不同，相比之下夫妻二人没有较大的意志和利益差异，因此很难产生制约效果，也就难以规避公司人格混同风险。

公司股东不论是夫妻关系还是其他关系，都应该按照规章制度严格区分个人财产与公司财产，以免产生不必要的纠纷。

9.3 "注册股东"的最佳人数是多少

很多创业者在注册公司时，为了筹集更多的资金，让公司快速发展壮大，可能会找许多合伙人，造成公司"注册股东"过多的局面。"注册股东"的最佳人数是多少？360公司的创始人周鸿祎在谈到这个问题时表示，公司的创始人数量不宜太多，最好不要超过三个人。公司股东过多，有时反而会限制公司的发展。

公司股东过多，意味着决策成本将大大提高。为了创办一家公司而聚集起来的人，必定是各有想法的人。人们的想法越多，公司发展的选择也就越多，遇到分歧时，如果每个人的意见不能统一，公司层面就难以做出最终决策。由于公司处于起步阶段，制度很有可能还不完善，需要经常召开股东大会。如果每个人都坚持自己的想法，就会因为一个很小的决策而浪费太多的时间，甚至还有可能因为分歧伤害彼此之间的感情。

公司股东过多，还有可能因为职权不清造成公司管理混乱。每个股东都有自己的想法，也会经常参与和指挥员工的工作。如果不同的股东发布的指令相悖，员工不知道以谁的指令为准，工作就难以开展。公司管理混乱，将严重降低员工的工作效率，影响公司的发展。

第 9 章
合伙风险：如何打破"财聚人散"的魔咒

公司股东过多，还会造成公司股权过于分散，不够集中。公司股东越多，股权越分散，股东参与决策的话语权就越小，公司收益与个人收益的关联度也会下降。长此以往，股东将失去积极性，彼此之间也更容易发生摩擦和矛盾，影响公司运营的稳定性。

相反，公司股东过少，也会产生问题。一方面，一家公司在初创时期会遇到很多问题，需要的人力、财力、物力都会持续增加，如果一家公司只有一个股东，那必然会面临人手和资金不足的局面。公司股东过少，会导致公司组织架构不健全，影响人才的引进，还会影响公司筹措资金的能力，限制公司的发展。

另一方面，公司股东过少，缺乏制衡机制，就会影响决策的合理性和正确性。如果公司只有一个股东，公司的决策程序就会非常简单，甚至不够规范。因为只有一个决策人，传统公司中多个股东之间相互监督和制约的机制就无法实现。一旦股东的决策发生失误且不能及时发现，将会严重侵害债权人及利害关系人的利益。

由于一人股东风险巨大，为了防止一人股东滥用职权，《公司法》第六十三条也对一人股东的财产做出了特殊限制和严格规定："一人有限责任公司的股东不能证明公司财产独立于股东自己的财产的，应当对公司债务承担连带责任。"也就是说，如果公司的唯一股东无法有效证明自己与公司的财产和业务是相互独立、严格区分的，就很容易被认定为公司人格混同，导致股东不再享有有限责任，因而需要承担公司的债务责任。

公司的"注册股东"过多或过少都有其弊端。因此，为了公司的良性发展，"注册股东"人数最好控制在两至三人，既能起到相互制约的作用，有效规避风险，又不会过分影响公司的决策效率和员工管理，保证了公司的正常运营。

9.4　如何审查股东的非货币出资

股东若想获得公司股份或股权，就需要在公司设立之初或增加资本时，根据协议进行出资。《公司法》第二十七条规定："股东可以用货币出资，也可以用实物、知识产权、土地使用权等可以用货币估价并可以依法转让的非货币财产作价出资；但是，法律、行政法规规定不得作为出资的财产除外。"由此可见，股东在出资时，可以选择支付货币，也可以选择用非货币代替。

股东用非货币出资时，需要满足三个条件：该代替物可以用货币估价；该代替物可以依法转让；该代替物不是法律、行政法规规定的不得作为出资的财产。相比货币支付，用非货币的方式出资要更加灵活，也更容易满足公司经营的需求，因此是很多人选择的首要出资方式。但由于《公司法》并未规定非货币出资的具体标准及程序，因此实际生活中难免发生纠纷。

非货币出资的常见问题有：用于出资的财产未进行估价；用于出资的财产没有落实到位；股东对用于出资的财产没有处分权等。基于以上常见问题，《最高人民法院关于适用<中华人民共和国公司法>若干问题的规定（三）》对非货币出资制定了标准。

对于没有进行估价或实际价值低于公司章程所定价额的财产，《最高人民法院关于适用<中华人民共和国公司法>若干问题的规定（三）》第九条规定："出资人以非货币财产出资，未依法评估作价，公司、其他股东或者公司债权人请求认定出资人未履行出资义务的，人民法院应当委托具有合法资格的评估机构对该财产评估作价。评估确定的价额显著低于公司章程所定价额的，人民法院应当认定出资人未依法全面履行出资义务。"

对于典型的非货币出资，如用房屋、土地使用权等财产出资的情况，《最高人民法院关于适用<中华人民共和国公司法>若干问题的规定（三）》第十条规定："出资人以房屋、土地使用权或者需要办理权属登记的知识产权等财产出资，已经交付公司使用但未办理权属变更手续，公司、其他股东或者公司债权人主张认定出资人未履行出资义务的，人民法院应当责令当事人在指定的合理期间内办理权属变更手续；在前述期间内办理了权属变更手续的，人民法院应当认定其已经履行了出资义务；出资人主张自其实际交付财产给公司使用时享有相应股东权利的，人民法院应予支持。"

对于当事人对出资财产不享有处分权的情况，《最高人民法院关于适用<中华人民共和国公司法>若干问题的规定（三）》第七条规定："出资人以不享有处分权的财产出资，当事人之间对于出资行为效力产生争议的，人民法院可以参照民法典第三百一十一条的规定予以认定。"即受让人符合以下三条情形即可取得该不动产或者动产的所有权：（1）受让人受让该不动产或者动产时是善意的；（2）以合理的价格转让；（3）转让的不动产或者动产依照法律规定应当登记的已经登记，不需要登记的已经交付给受让人。

9.5 没有退出机制，股东闹矛盾后患无穷

李某和王某合伙创办了一家餐饮公司，李某出资60万元，占股60%，王某出资40万元，占股40%。两人运营了公司一年后，王某决定退出合作，不再掌管公司事宜，但王某的股权未做处理，两人也没有约定退出的相关事宜。

两年后，公司实现了盈利，当年利润高达百万元。此时，王某见公司发展前景较好，便向李某索要分红，或者以80万元的价格卖出股权。由于两人未曾约定退出机制，李某虽然不情愿，但也只好出资回购了王某的股权，曾经的合作伙伴最终不欢而散。

合伙人共同创办公司，本来是一件互利共赢的好事，理应好聚好散。然而，因为合伙事项繁杂，在合伙创办公司的过程中有些合伙人缺少制定清晰明确的退出机制的意识，未曾约定退出的相关事宜，导致最终结算时合伙双方出现矛盾，产生纠纷。

在合伙事项中，这种现象时有发生。想要消除这种隐患，保障自己的权益，保证公司的顺利发展，在合伙初期，合伙双方就应该制定退出机制，为未来可能发生的事情做足准备。

制定退出机制的要点就是在合理合法的基础上，针对不同的情况，制定不同的退出规则。

一般来说，合伙人退出的情况有以下四种。

（1）在公司盈利时退出。

（2）在公司亏损时退出。

（3）撤全资退出。

（4）另起炉灶。

在制定退出机制的时候，要充分考虑到这四种情况，明确对方的退出时间，针对不同的情况制定不同的方案，以应对形势变化。

例如，合伙人在公司盈利的情况下选择退出。对于这种情况，可以选择设置限制性股票，即对持有者的股票做出时间限制，期满后才可对其进行处理；也可以选择设置股权分期成熟机制，即按照一定的标准给合伙人分配股权，股权份额按时间段依次生效；还可以参照股东购买价格的一定溢价、合伙人退出时公司的净资产、最近融资估值的折扣价等因素建立完善的股权回购机制，减少退出时的财务纠纷。

若合伙人在公司亏损的情况下选择退出，可以启用"人走股留"，即保留公司的启动资金和股份、资金占股和参与占股分离、设置高额赔偿金等退出机制。

撤全资退出是对公司发展影响较大的一种退出模式。缺少了资金的支持，公司的发展很有可能就此停滞，因此在制定退出机制的时候也要考虑到有人想要撤全资退出的情况。为了降低损失，在制定退出机制的时候一定要规定撤出资金的比例。从原则上说，撤出的资金不能超过总资金的 50%。同时，要规定对撤全资退出的人予以一定的惩罚。

事先制定的退出机制对于另起炉灶、要求退出的合伙人同样适用。因此，在制定退出机制的时候也要将这种情况考虑进去，根据对方的行为、给公司造成的损失等因素制定合理的解决方案。

制定退出机制是保证合伙双方"和平分手"的前提。通过这种方式，合伙双方可以规避许多风险，有效保障自己的合法权益。

9.6　财务不公开，合伙双方早晚"分手"

2021 年，作为去中心化自治组织（DAO）Aragon 的母公司，同时负责 Aragon 项目的开发和运营的营利性企业（公司）Aragon One 遭遇了极大的打击，包括总裁 Jorge Izquierdo 在内的十几名企业骨干集体宣布离职，一度使 Aragon 项目团队面临溃散。

几乎所有离职人员都将矛头指向了 Aragon 协会的治理问题，认为是 Aragon 协会独揽大权，财务管理不够公开导致了这个结果。

《公司法》第三十三条规定："股东有权查阅、复制公司章程、股东会会议记录、董事会会议决议、监事会会议决议和财务会计报告。股东可以要求查阅公司会计账簿。股东要求查阅公司会计账簿的，应当向公司提出书面请求，说明目的。"

对合伙企业来说，财务公开透明事关企业的长远发展。财务公开是企业人员相互信任的前提。在一家企业里，只有人们相互信任，才能发挥出一个团队最大的能量。否则，人与人之间就容易产生嫌隙，影响合作效果。

合伙企业的财务信息不够透明，将会使企业合伙人之间产生矛盾。合伙创办企业本就是一件风险极大的事，如果财务不公开，一旦资金方面出现了什么纰漏，将会对创始团队甚至整个企业造成巨大的打击。

赵某出资40万元与几个朋友合伙创办公司，公司的财务并没有公开，但因为几人之间是朋友关系，赵某也并未在意。公司成立几年后，赵某发现公司购置了大量的房车等财产并登记在其他股东名下，于是心生怀疑，要求查阅公司的财务报告及会计账簿。公司对于赵某的要求不予回应，多次申请无果后，赵某将公司告上了法庭。最终，法院判决公司向赵某公开账目。

合伙企业为方便团队成员相互监督，应主动公开财务账目，并确保账目透明公正。否则，一旦发生纠纷需要自证，就会消耗大量的人力、物力和时间，影响团队成员之间的关系。

对企业本身来说，财务不公开还有可能影响到企业的资金筹措。一方面，财务信息不透明会影响投资人的信心。投资人无法获得企业的相关财务信息，无法评估收益，也就无法做出决策，因此放弃投资，企业就会失去一部分资金来源。

另一方面，财务不公开也会影响银行发放贷款。中国人民银行征信管理局原局长戴根有认为，目前大部分中小企业的财务信息非常不透明，给相关机构的信用审查带来了非常大的困难。银行在给企业发放贷款时，还要考虑承担的风险，因此少有银行愿意给中小企业放贷。一些财务信息不透明的中小企业就会因为这个原因失去这笔资金。

财务信息的透明度与筹资成本成反比。财务信息不透明，将会大大增加资金筹措的难度。当企业的资金筹措出现问题时，企业的相关业务就难以开展，团队成员难免会发生矛盾，最终影响到合伙人之间的合作，甚至造成团队分裂。因此，合伙企业财务公开是十分必要的。

9.7　缺少创始股东协议，难以保证"好聚好散"

在合伙创办公司的过程中，签订创始股东协议是必不可少的关键环节。在确立投资项目之后、设立公司之前，合伙人（创始股东）应完成创始股东协议的签订工作。签订创始股东协议意味着合伙人之间的合作正式开始，需要依据协议规定对公司及其他合伙人负责。

创始股东协议，即股东合伙协议，是公司对协议/合同的订立、当事人的权利义务关系、协议的履行等问题提供法律依据的凭证，是公司与合伙人之间、合伙人与合伙人之间，就权利的分配和行使、公司事务的管理方式、合伙人之间的关系等事项的协定。

创始股东协议的内容通常包括以下几个方面。

（1）合伙人的基本信息。

（2）公司经营业务的概况

（3）合伙经营的相关约定（如期限、出资方式等）。

（4）合伙期间的股权结构、盈余分配及债务承担事项。

（5）关于入伙、退出、股权转让等操作办法。

（6）合伙人的权利及义务界定。

（7）禁止的行为。

（8）合伙终止相关事项。

（9）明确争议的解决方式及合同的生效条件。

创始股东协议包括但不限于以上内容，可根据公司的实际情况对内容进行增加和修改。

《公司法》第十一条规定："设立公司必须依法制定公司章程。公司章程对公司、股东、董事、监事、高级管理人员具有约束力。"而创始股东协议则对公司章程中缺失的、不宜对外公开的内容进行了补充，对公司内部人员具有较大的约束力，以达到全面规范的目的。

签订创始股东协议是对合伙各方合法权益的有效保障。在合伙的过程中，一旦发生纠纷，创始股东协议就是一份可以参照的、能够保护各方利益的依据。如果没有签订创始股东协议，那么一旦合作陷入危机，解决纠纷时就没有可依据的材料，某一方合伙人就可能陷入困窘的境地。

小张曾经是一家公司的"元老级"成员。作为公司的联合创始人之一，小张与其他几位合伙人一起，一路见证了公司的发展壮大。随着团队人数越来越多，公司营业流水达到一亿余元。然而，当小张因为家庭经济危机向董事会争取自己的股权时，却被告知此时退出带不走自己的股权，只能"净身出户"，而留下来也只能拿固定工资。由于在公司初创时期，小张没有和当时的首席行政官签订任何创始股东协议，因此想要维权也没有任何可参考的依据，最终只能被迫接受这个让他不满意的结果。

如果合伙人没有及时签订创始股东协议，在发生纠纷的时候，处理结果就有可能对合伙人不利。

除此之外，随着公司的发展，有些合伙人没有相关条例的制约，就有可能采用损害别人和公司利益的手段为自己牟利，想要追究责任也会十分困难。因此，想要维持一段圆满的合作关系，与合伙人"好聚好散"，就必须签订创始股东协议。

第 10 章
Chapter 10

人事风险：人事变动不是一场"消耗战"

公司在发展的过程中，难免需要招募一些人才共同奋斗，也难免会遇到曾经并肩奋斗的伙伴离开的情况。创业者在经历人事变动时，需要重视相关的合同、协议、赔偿等事项，处理好人事变动问题，避免把人事变动变成一场"消耗战"。

10.1 报到日即入职日，离职赔偿金如何算

员工离职，有时是出于自发性的选择，有时是迫于无奈。公司因为某些原因与员工解除劳动合同，需要按照规定向离职员工支付一定的离职赔偿金。

《中华人民共和国劳动合同法》（以下简称《劳动合同法》）第四十六条列举了用人单位需要向劳动者支付经济补偿的几种情况：用人单位依照《劳动合同法》

第三十六条、第四十条、第四十一条第一款与劳动者解除劳动合同的，劳动者依照《劳动合同法》第三十八条，第四十四条第一项、第四项、第五项与用人单位解除劳动合同的，以及由于法律、行政法规规定的其他情形解除劳动合同的，用人单位均需要向劳动者支付经济补偿。

那么，究竟在哪些情况下公司需要支付离职赔偿金呢？

《劳动合同法》第三十六条规定："用人单位与劳动者协商一致，可以解除劳动合同。"第四十条规定，"有下列情形之一的，用人单位提前三十日以书面形式通知劳动者本人或者额外支付劳动者一个月工资后，可以解除劳动合同：（一）劳动者患病或者非因工负伤，在规定的医疗期满后不能从事原工作，也不能从事由用人单位另行安排的工作的；（二）劳动者不能胜任工作，经过培训或者调整工作岗位，仍不能胜任工作的；（三）劳动合同订立时所依据的客观情况发生重大变化，致使劳动合同无法履行，经用人单位与劳动者协商，未能就变更劳动合同内容达成协议的。"

《劳动合同法》第四十一条规定，"有下列情形之一，需要裁减人员二十人以上或者裁减不足二十人但占企业职工总数百分之十以上的，用人单位提前三十日向工会或者全体职工说明情况，听取工会或者职工的意见后，裁减人员方案经向劳动行政部门报告，可以裁减人员：（一）依照企业破产法规定进行重整的；（二）生产经营发生严重困难的；（三）企业转产、重大技术革新或者经营方式调整，经变更劳动合同后，仍需裁减人员的……"

也就是说，在非过失性解约或按照规定进行裁员的情况下，公司需要向离职员工进行赔偿。

《劳动合同法》第三十八条规定，"用人单位有下列情形之一的，劳动者可以解除劳动合同：（一）未按照劳动合同约定提供劳动保护或者劳动条件的；（二）未及

第 10 章
人事风险：人事变动不是一场"消耗战"

时足额支付劳动报酬的；（三）未依法为劳动者缴纳社会保险费的；（四）用人单位的规章制度违反法律、法规的规定，损害劳动者权益的；（五）因本法第二十六条第一款规定的情形致使劳动合同无效的；（六）法律、行政法规规定劳动者可以解除劳动合同的其他情形。用人单位以暴力、威胁或者非法限制人身自由的手段强迫劳动者劳动的，或者用人单位违章指挥、强令冒险作业危及劳动者人身安全的，劳动者可以立即解除劳动合同，不需事先告知用人单位。"

《劳动合同法》第四十四条第一项、第四项、第五项规定：劳动合同期满的；用人单位被依法宣告破产的；用人单位被吊销营业执照、责令关闭、撤销或者用人单位决定提前解散的，劳动合同终止。

也就是说，非己方过失导致的劳动合同解除，虽然是由员工提出的，但公司仍需要向离职员工支付离职赔偿金。

以上原因导致的公司和员工的劳动合同解除，公司需要按照规定支付离职赔偿金。赔偿的金额和计算方法分为两种情况。

如果公司和员工的劳动合同中明确了离职赔偿金的金额和计算方法，则需要按照协议进行赔偿；如果没有事先约定离职赔偿金的金额和计算方法，则按照相关法律法规进行赔偿。

《劳动合同法》第四十七条规定："经济补偿按劳动者在本单位工作的年限，每满一年支付一个月工资的标准向劳动者支付。六个月以上不满一年的，按一年计算；不满六个月的，向劳动者支付半个月工资的经济补偿。劳动者月工资高于用人单位所在直辖市、设区的市级人民政府公布的本地区上年度职工月平均工资三倍的，向其支付经济补偿的标准按职工月平均工资三倍的数额支付，向其支付经济补偿的年限最高不超过十二年。本条所称月工资是指劳动者在劳动合同解除或者终止前十二个月的平均工资。"

10.2 员工简历造假，公司能秋后算账吗

近年来，公司和员工就简历造假问题产生劳动纠纷的事件屡见不鲜。那么，当公司发现员工简历造假时，是否可以以此与其解除劳动合同？

案例一：

2020年6月，刘某入职某互联网公司担任营运经理，双方签订了为期三年的劳动合同。2020年11月，该公司向刘某发出辞退通知书，原因是公司发现刘某在入职时提交了虚假简历，其在应聘申请表和员工登记表中填写的内容存在学历造假的行为，严重违反了公司的规定。因此，公司要求和刘某解除劳动合同。

刘某不服，提起诉讼。在法庭上，该公司出示了刘某学历造假的证据。而刘某则表示，学历并非录用条件，并且入职以来，公司并没有对其工作能力产生异议，因此请求恢复原劳动关系。

法院认为，应聘申请表和员工登记表中都要求所填信息必须真实，刘某有如实告知义务，应如实填写个人信息。刘某的行为存在虚报信息的情形，违反了该公司员工手册和应聘申请表等文件的规定，因此该公司以此解除劳动合同不违反法律规定。

案例二：

A劳务派遣公司与B科技公司签订了劳务派遣协议，约定由A公司向B公司派遣员工，B公司为用人单位。2020年9月，B公司拟聘用孙某为A公司的产品经理，A公司应其要求与孙某签订劳动合同。2020年12月，两家公司查询孙某人事档案，发现其此前应聘时提供的简历信息存在造假问题，学历与工作经历都是虚假的，因此请求法院判定A公司与孙某签订的劳动合同无效。

第 10 章
人事风险：人事变动不是一场"消耗战"

法院认为，两家公司未在劳动合同中约定录用条件，也未要求孙某填写简历以固定证据，甚至没有要求孙某提供学历、工作经历证明，未对其真实情况进行核实，因此对其主张不予支持。

为什么同样是虚假简历引发的劳动合同纠纷，审判结果却完全不同？

许多公司在招聘员工时往往会要求其填写应聘申请表、员工登记表等文件，并在员工手册中将员工隐瞒或伪造简历等纳入公司规章制度"严重违纪"的范畴，约定其法律责任。

《劳动合同法》第三十九条第二项规定，"严重违反用人单位的规章制度的"，用人单位可以解除劳动合同。因此，如果公司与员工约定了必须遵守的规章制度，那么当员工违反规章制度时，公司就有依据与其解除劳动合同。

同时，公司在招聘员工时须要求对方提供学历及工作经历证明。如果公司像案例二中的两家公司一样，没有对此进行要求或核实，在招聘时存在重大过失，也没有在劳动合同中约定录用条件，那么一旦发生员工简历造假问题，法院在审判中往往不予支持。

10.3　劳动合同中约定的担保内容有效吗

2020 年 9 月，某公司招聘了一批新员工。在新员工工作一段时间后，为提高员工的工作能力，公司将这批新员工送到了总部培训，为期三个月。在此期间，公司依旧向其支付基本工资。谁知培训结束两个月后，有几名员工向公司申请辞职，公司自然不同意，协调无果。但 30 天之后，这几名员工还是离开了公司。为此，公司不仅浪费了培训资源，损失了一笔资金，更浪费了一些时间成本。

以上案例说明，劳动合同中约定的担保内容是有效的。劳动合同不完善，很容易引发风险。如果公司计划对员工进行培训，那么可以提前与员工约定违约条款，规定员工在多长时间之内不能离职。如果员工执意离职，那么公司就可以依照违约合同要求员工承担赔偿责任。

为规避劳动合同不完善导致的风险，公司在与员工签订劳动合同时，需要注意以下几点。

1. 选择劳动合同的类型

劳动合同分为固定期限劳动合同、无固定期限劳动合同和单项劳动合同。

（1）固定期限劳动合同。

固定期限劳动合同是指公司与员工约定合同终止时间的劳动合同，是一种最常用的劳动合同。

（2）无固定期限劳动合同。

无固定期限劳动合同是指公司与员工约定无确定终止时间的劳动合同。《劳动合同法》第十四条规定，"用人单位与劳动者协商一致，可以订立无固定期限劳动合同。有下列情形之一，劳动者提出或者同意续订、订立劳动合同的，除劳动者提出订立固定期限劳动合同外，应当订立无固定期限劳动合同：

（一）劳动者在该用人单位连续工作满十年的；

（二）用人单位初次实行劳动合同制度或者国有企业改制重新订立劳动合同时，劳动者在该用人单位连续工作满十年且距法定退休年龄不足十年的；

（三）连续订立二次固定期限劳动合同，且劳动者没有本法第三十九条 和第四十条 第一项、第二项规定的情形，续订劳动合同的。

用人单位自用工之日起满一年不与劳动者订立书面劳动合同的，视为用人单位与劳动者已订立无固定期限劳动合同。"

（3）单项劳动合同。

单项劳动合同是以完成一定工作任务为期限的劳动合同，是指公司与员工约定以某项工作的完成为合同期限的劳动合同。

具体选择哪种劳动合同，公司应与员工共同协商确定。

2．注意劳动合同的有效性

《劳动合同法》第二十六条规定，"下列劳动合同无效或者部分无效：

（一）以欺诈、胁迫的手段或者乘人之危，使对方在违背真实意思的情况下订立或者变更劳动合同的；

（二）用人单位免除自己的法定责任、排除劳动者权利的；

（三）违反法律、行政法规强制性规定的。

对劳动合同的无效或者部分无效有争议的，由劳动争议仲裁机构或者人民法院确认。"

依照《劳动合同法》第二十六条规定被确认无效，给对方造成损害的，有过错的一方应当承担赔偿责任。

3．设立违约条款

违约条款应当包括服务期及保密事项等约定。

《违反〈劳动法〉有关劳动合同规定的赔偿办法》第四条规定，"劳动者违反规定或劳动合同的约定解除劳动合同，对用人单位造成损失的，劳动者应赔偿用人单位下列损失：（一）用人单位招收录用其所支付的费用；（二）用人单位为其支付的培训费用，双方另有约定的按约定办理；（三）对生产、经营和工作造成的直接经济损失；（四）劳动合同约定的其他赔偿费用。"

同时，《中华人民共和国劳动法》（以下简称《劳动法》）第一百零二条规定：“劳动者违反本法规定的条件解除劳动合同或者违反劳动合同中约定的保密事项，对用人单位造成经济损失的，应当依法承担赔偿责任。”《违反〈劳动法〉有关劳动合同规定的赔偿办法》第五条进一步规定，"劳动者违反劳动合同中约定的保密事项，对用人单位造成经济损失的，按《反不正当竞争法》第二十条的规定支付用人单位赔偿费用。"

公司可以根据上述规定在劳动合同中设立相关违约条款，以保护自己的权益。例如，《劳动合同法》第二十二条规定："用人单位为劳动者提供专项培训费用，对其进行专业技术培训的，可以与该劳动者订立协议，约定服务期。劳动者违反服务期约定的，应当按照约定向用人单位支付违约金。违约金的数额不得超过用人单位提供的培训费用。用人单位要求劳动者支付的违约金不得超过服务期尚未履行部分所应分摊的培训费用。"

另外，对于掌握公司机密的创始合伙人或核心员工，公司可以设定保密条款和竞业禁止条款。事先约定违约条款可以保护公司的合法权益不受损害。

4．设立免责条款

有的公司实力较弱，很难将员工入职之前的历史掌握清楚。如果员工刻意隐瞒事实，那么公司很有可能无法察觉，这会导致公司可能在未来因竞业禁止等原因承担连带赔偿责任。为规避这种风险，公司需要提前在劳动合同中添加免责条款。

例如，公司可以在劳动合同中规定："乙方员工向甲方公司保证，乙方在进入甲方公司工作之前，与其他任何机构和个人不存在或已解除劳动合同；无任何违法行为和民事与刑事纠纷。如存在隐瞒上述事实的行为，一经查实，甲方有权终止本合同，且造成的一切法律后果由乙方承担，与甲方无关。"

5. 及时变更条款内容

如果员工的岗位、薪资等发生变化，那么公司应及时变更劳动合同中的相关条款内容，避免因此产生劳动纠纷。

10.4 如何与员工约定违约金

王某是某公司的技术经理，2019年10月，王某与公司签订了劳动合同。合同中约定：王某须对公司的生产安全负责，积极维护公司的设备，如违约，则须赔付公司10万元。2020年3月，公司的生产设备因操作不当发生严重损坏，导致公司损失100余万元。2020年6月，王某向公司提出解除劳动合同。2020年7月，双方解除劳动合同，公司仍欠王某工资5万元。随后，王某以公司拖欠工资为由提起仲裁，而公司也以王某严重失职，使公司遭受重大损失为由，要求王某支付违约金。

在庭审中，双方均陈述了事实并表达了自己的观点。王某认为，劳动合同中约定的违约金没有法律依据；公司则认为，王某与公司签订劳动合同就意味着其接受了这一约定，公司付给王某高薪也是以王某遵守劳动合同中的义务为前提的。

仲裁庭认为，公司对王某做出10万元罚款的依据是双方签订的劳动合同，但《劳动合同法》第二十五条规定，除《劳动合同法》第二十二条规定的专项培训费用、第二十三条规定的用人单位可以约定违约金的情形外，用人单位不得与劳动者约定违约金。因此，该公司和王某约定的违约条款违反法律规定，属于无效条款。

最终，在调解不成的情况下，仲裁庭裁决公司10日内支付王某的应得工资5万元，驳回公司的其他请求。

如上述案例所示，一些公司为避免遭受不必要的损失，会在劳动合同中与员工约定违约条款和违约金。那么，这样的条款有效吗？

违约条款是否有效要看其是否符合《劳动合同法》的规定。《劳动合同法》第二十五条规定："除本法第二十二条和第二十三条规定的情形外，用人单位不得与劳动者约定由劳动者承担违约金。"

第二十二条规定："用人单位为劳动者提供专项培训费用，对其进行专业技术培训的，可以与该劳动者订立协议，约定服务期。

劳动者违反服务期约定的，应当按照约定向用人单位支付违约金。违约金的数额不得超过用人单位提供的培训费用。用人单位要求劳动者支付的违约金不得超过服务期尚未履行部分所应分摊的培训费用。

用人单位与劳动者约定服务期的，不影响按照正常的工资调整机制提高劳动者在服务期期间的劳动报酬。"

第二十三条规定："用人单位与劳动者可以在劳动合同中约定保守用人单位的商业秘密和与知识产权相关的保密事项。

对负有保密义务的劳动者，用人单位可以在劳动合同或者保密协议中与劳动者约定竞业限制条款，并约定在解除或者终止劳动合同后，在竞业限制期限内按月给予劳动者经济补偿。劳动者违反竞业限制约定的，应当按照约定向用人单位支付违约金。"

据以上条款可知，当劳动合同中约定的违约条款符合上述两种情形时，条款有效，员工需要承担违约责任。除此以外，在其他情形中约定违约金的行为都是无效的，没有法律支持。

10.5 保密费不能代替竞业限制补偿金

对一些技术公司来说，技术是其核心竞争力。因此，在员工入职的时候，公司往往会要求员工签署保密协议和竞业限制协议，防止公司的核心技术遭到泄露，影响公司的发展。

很多公司会将保密协议和竞业限制协议联系到一起，导致很多人将保密费与竞业限制补偿金混为一谈，认为保密费能够代替竞业限制补偿金，公司只需要支付其中一个就可以。

王某曾在一家技术公司工作，在签订劳动合同的同时，王某与公司签订了一份"保密与竞业限制协议"，约定王某在在职期间及离职后需要按规定保守公司的商业机密及核心技术，且离职两年内不得从事与原公司具有竞争关系的业务。在王某在职期间，公司每月支付王某 800 元作为保密费，一旦王某违反"保密与竞业限制协议"，则须向公司支付 10 万元的违约金。

两年后，王某从该公司离职并入职另一家公司。原公司经过调查发现王某入职的新公司与自己存在行业竞争关系，因此原公司以王某违反"保密与竞业限制协议"为由请求仲裁机构判决王某支付违约金 10 万元。

然而，仲裁机构并没有支持原公司的请求。仲裁机构认为，原公司每月向王某支付的 800 元保密费不能代替竞业限制补偿金。原公司没有给王某提供竞业限制补偿金，因此这份"保密与竞业限制协议"无效，王某没有遵守"保密与竞业限制协议"的义务，也无须向原公司支付 10 万元的违约金。

在这个案例中，王某的原公司就把保密费当成了竞业限制补偿金，在向王某发放保密费后没有发放竞业限制补偿金，导致"保密与竞业限制协议"不成立，失去了对员工竞业的限制作用。

《劳动合同法》第二十三条规定："用人单位与劳动者可以在劳动合同中约定保守用人单位的商业秘密和与知识产权相关的保密事项。对负有保密义务的劳动者，用人单位可以在劳动合同或者保密协议中与劳动者约定竞业限制条款，并约定在解除或者终止劳动合同后，在竞业限制期限内按月给予劳动者经济补偿。劳动者违反竞业限制约定的，应当按照约定向用人单位支付违约金。"

也就是说，保密义务是劳动合同的附随义务，员工签署了劳动合同后就应自动履行保密义务，用人单位可以选择支付保密费与否。而竞业限制协议是劳动合同之外的约定，公司可以选择与员工签订竞业限制协议，也可以选择不签订。竞业限制协议以员工牺牲了自己的一部分就业机会来保证公司的顺利发展，因此公司一旦与员工签订竞业限制协议，就需要按照法律规定向员工支付竞业限制补偿金。如果公司没有支付竞业限制补偿金，那么员工就可以不用履行竞业限制义务。

10.6　试用期间，公司可以随意辞退员工吗

公司在招聘员工时都会约定试用期限，在员工试用期间，双方都有解除劳动合同的权利。一些公司在员工试用期间与其约定的权利和义务比较松散，只要对员工稍有不满就要解除劳动合同。那么，公司可以在员工试用期间随意解除劳动合同吗？

《劳动合同法》第二十一条规定："在试用期中，除劳动者有本法第三十九条和第四十条第一项、第二项规定的情形外，用人单位不得解除劳动合同。用人单位在试用期解除劳动合同的，应当向劳动者说明理由。"

第三十九条规定，"劳动者有下列情形之一的，用人单位可以解除劳动合同：

（一）在试用期间被证明不符合录用条件的；

第 10 章
人事风险：人事变动不是一场"消耗战"

（二）严重违反用人单位的规章制度的；

（三）严重失职，营私舞弊，给用人单位造成重大损害的；

（四）劳动者同时与其他用人单位建立劳动关系，对完成本单位的工作任务造成严重影响，或者经用人单位提出，拒不改正的；

（五）因本法第二十六条第一款第一项规定的情形致使劳动合同无效的；

（六）被依法追究刑事责任的。"

第四十条第一项规定："劳动者患病或者非因工负伤，在规定的医疗期满后不能从事原工作，也不能从事由用人单位另行安排的工作的。"第四十条第二项规定："劳动者不能胜任工作，经过培训或者调整工作岗位，仍不能胜任工作的。"

总之，在员工试用期间，公司解除劳动合同的条件是必须证明员工在试用期间不符合录用条件。如果公司在员工试用期间解除劳动合同，则需要向员工说明理由。如果公司没有证据证明员工不符合录用条件，则不能解除劳动合同。

究竟怎样才是"不符合录用条件"？如果公司在签订劳动合同时，没有向员工明确公示其所在岗位存在哪些情况符合解除劳动合同的未录用条件，那么公司则不能以"不符合录用条件"为由随意解除劳动合同。

如果公司单方提出解除劳动合同，或者因裁员等重大变动辞退试用期员工，那么需要提前 30 日以书面形式通知员工本人或额外支付其一个月工资后，才可以解除劳动合同。

10.7　劳动合同到期不续签，有什么后果

劳动合同期限短则几个月，长则十几年。在劳动合同到期之后，如果公司还想与员工合作，就需要与员工续签合同。但有些公司疏于管理，没有及时和员工

续签合同。那么，劳动合同到期不续签存在哪些风险？

在劳动合同未到期之前，对于是否与员工续签合同的问题，公司需要尽早做出决策。如果公司不想与员工续签合同，应提前以书面形式通知员工，同时在劳动合同到期时与员工办理合同终止手续。如果公司既没有和员工续签合同，又没有办理合同终止手续，则会形成事实劳动关系。在形成事实劳动关系之后，公司再与员工解除劳动关系，就需要承担更多的法律风险。

例如，周某在某科技公司工作，在其劳动合同还差一个月到期时，他向公司提交了一份续签合同的书面申请，但公司并没有理会。劳动合同到期后，公司没有提出终止合同，也没有提出续签合同，周某依旧去上班。这样持续了三个月后，公司突然找到周某，表示要与其解除劳动关系。

周某不接受这一结果，他认为公司在劳动合同到期前没有表示是续签还是终止，劳动合同到期后，让他工作又不续签合同，结果工作三个月后又要解除劳动关系，公司需要对这种行为负法律责任。

在上述案例中，公司需要承担哪些责任呢？《劳动合同法》第八十二条规定："用人单位自用工之日起超过一个月不满一年未与劳动者订立书面劳动合同的，应当向劳动者每月支付二倍的工资。"劳动合同到期后公司未解除合同，员工继续在公司工作的，视为没有订立劳动合同，适用以上法律规定。

《劳动合同法》第四十七条规定："经济补偿按劳动者在本单位工作的年限，每满一年支付一个月工资的标准向劳动者支付。六个月以上不满一年的，按一年计算；不满六个月的，向劳动者支付半个月工资的经济补偿。

劳动者月工资高于用人单位所在直辖市、设区的市级人民政府公布的本地区上年度职工月平均工资三倍的，向其支付经济补偿的标准按职工月平均工资三倍的数额支付，向其支付经济补偿的年限最高不超过十二年。

本条所称月工资是指劳动者在劳动合同解除或者终止前十二个月的平均工资。"

根据以上法律规定，在上述案例中，公司需要向周某支付双倍工资和经济补偿。由此可知，劳动合同到期后不续签存在法律风险。为规避这种风险，公司需要及时做出决策，选择与员工终止合同或续签合同。

10.8 考勤表、工资单员工不确认，可以吗

有的公司在人事方面的制度不完善，考勤表、工资单等没有让员工签字确认的程序。那么，公司这样做存在哪些风险？

如果公司与员工产生了劳动纠纷，公司在举证时，考勤表、工资单等上没有员工的签字，那么这些证据就无法被认可，公司也可能因此败诉。

案例一：考勤表无员工签字无效力

刘某在某装饰公司上班，在劳动合同未到期时接到了公司解除劳动合同的决定。随后，刘某申请劳动仲裁，要求公司支付其加班工资、未休年假工资。该公司并不"买账"，并将此事诉至法院。

在审理的过程中，该公司出具了刘某的考勤表、打卡记录等，以证明其已休年假，但考勤表上并没有刘某的签字。对于以上证据，刘某均不认可。

据此，法院认定刘某未休年假，判决该公司依法支付刘某带薪年假工资差额。

案例二：工资单无员工签字无效力

钱某与某设计公司终止了劳动合同后不久，以该公司未支付其法定节假日加班工资为由提起劳动仲裁。仲裁庭裁决支持钱某的请求后，该公司不服，将此事诉至法院，要求撤回对钱某的加班工资赔偿请求。

在审理的过程中，该公司表示钱某的确加过班，但公司已依法向其支付过加

班工资，并出具了钱某的工资单汇总表进行举证，证明钱某已得到各类加班工资。但该工资单上没有钱某的签字，钱某也对此进行了否认。

据此，法院裁定公司存在拖欠钱某加班工资的情况，判决钱某胜诉。

为什么在许多劳动争议案中，即使公司出具了考勤表、工资单等证据，但还是会败诉呢？原因就在于，没有员工签字的考勤表、工资单没有效力。

《劳动人事争议仲裁办案规则》第十三条规定："当事人对自己提出的主张有责任提供证据。与争议事项有关的证据属于用人单位掌握管理的，用人单位应当提供；用人单位不提供的，应当承担不利后果。"

考勤表、工资单等是由公司保管和掌握的，存在被伪造、篡改的可能，对员工一方的权益不利，因此应由员工签字确认其真实性。如果公司仅提供无员工签字的考勤表、工资单等证据，再加上员工一方否认，那么法院并不会认可这些证据。

公司应如何避免此类风险？最重要的就是做到规范化管理，健全各项规章制度，如加班审批制度、考勤管理制度等。同时，公司应依照制度规范，让员工对考勤表、工资单等进行签字确认，以此留存有效证据。

10.9　员工旷工多天，公司也不能直接解约

李某在某公司工作期间因患病入院治疗，并在四个月后，即次年2月病愈出院。出院后，李某假借治病的名义拒不到公司上班，实则私自经营服装门店。公司发现后对李某进行了警告，责令其立刻到公司上班，李某置之不理，于是公司自当年4月起停发李某的工资。当年10月，李某回到公司上班。次年6月，公司以李某长期无故旷工为由与李某解除了劳动合同。李某不服，向劳动仲裁机构提起申诉。

第 10 章
人事风险：人事变动不是一场"消耗战"

《劳动法》第二十五条规定，"劳动者有下列情形之一的，用人单位可以解除劳动合同：

（一）在试用期间被证明不符合录用条件的；

（二）严重违反劳动纪律或者用人单位规章制度的；

（三）严重失职，营私舞弊，对用人单位利益造成重大损害的；

（四）被依法追究刑事责任的。"

《劳动法》第二十六条规定，"有下列情形之一的，用人单位可以解除劳动合同，但是应当提前三十日以书面形式通知劳动者本人：

（一）劳动者患病或者非因工负伤，医疗期满后，不能从事原工作也不能从事由用人单位另行安排的工作的；

（二）劳动者不能胜任工作，经过培训或者调整工作岗位，仍不能胜任工作的；

（三）劳动合同订立时所依据的客观情况发生重大变化，致使原劳动合同无法履行，经当事人协商不能就变更劳动合同达成协议的。"

根据规定，李某在病愈后拒不到公司上班，且在公司给予警告之后仍置之不理，其行为已经构成旷工，公司可以根据《劳动法》对其进行开除处分，解除与其的劳动合同。但需要按规定提前 30 日以书面形式通知员工本人，不能直接解除劳动合同。

10.10　下班后接孩子放学被撞，属于工伤事故

我国的法律法规对于工伤认定的范围有着明确的要求。那么，员工在下班途中发生交通事故是否为工伤？答案是肯定的。具体而言，《工伤保险条例》第十四条第六项规定，"在上下班途中，受到非本人主要责任的交通事故或者城市轨道交

通、客运轮渡、火车事故伤害的"，应当认定为工伤。

其中要特别注意，在工伤认定时需要考虑下列四个必备要素。

（1）上下班的规定时间：包括正常的上下班途中、加班的上下班途中、公司同意请假时提早下班途中等。

（2）上下班的必经路线：包括往返于工作地与住所地、公司宿舍等的合理路线；往返于工作地与配偶、父母、子女居住地的合理路线等。

（3）非本人主要责任：在事故中员工本人不负主要责任的，才能够被认定为工伤。如果因员工本人负主要责任的交通事故受到伤害，则不属于工伤。

（4）机动车事故：包括员工驾驶或乘坐机动车发生事故、员工因其他机动车事故受伤等。

如果员工在交通事故中满足上述条件，那么就能够被认定为工伤。公司应在事故发生 30 天内，向劳动保障部门提出工伤认定申请。

10.11　帮员工开"高薪证明"，却变成"索薪证据"

小张以普通员工的身份入职某公司，并与该公司签订了为期三年的劳动合同。在合同期限内，小张每月获得薪酬 3000 元。三年后合同期满，小张未与公司续签劳动合同，遂离开公司。

在离职时，小张以提高信用卡透支额度及办理房贷为由，向公司申请开具一份每月工资标准为 3 万元的收入证明。公司未曾想到这样做有什么风险，让财务人员给小张开具了一份月工资为 3 万元的虚假收入证明，并在证明上加盖了公章。

没想到几个月后，小张就拿着这份虚假收入证明向劳动仲裁机构提出了申诉，要求公司支付他在工作期间所获薪酬的差额。

第10章
人事风险：人事变动不是一场"消耗战"

根据《工资支付暂行规定》，用人单位克扣或者无故拖欠劳动者工资的，由劳动行政部门责令其支付劳动者工资和经济补偿，并可责令其支付赔偿金。但由于在与员工签订的劳动合同中写明了小张的月工资为3000元，与收入证明上的3万元不符，而小张也未能提供其他能够证明公司少付薪酬的证据，因此小张的仲裁请求最终被驳回。

无独有偶，李女士在某事务所工作期间，以申请驻外法国公民及家属社保补贴为由请求公司出具了一份月工资为13 000元的收入证明。因为在职期间未与事务所签订劳动合同，李女士在离职后要求事务所以收入证明上月工资13 000元的标准按规定支付工资。

对此，事务所提交了有李女士签名的月工资单，证明该收入证明上的数字并非其实际收入，最终仲裁庭驳回了李女士的申诉。

虽然在这两个案例中，离职员工用虚假收入证明当成证据索薪并没有达成目的，但对公司来说，接受劳动仲裁必然耗费一定的人力、物力和财力。加盖了公章的收入证明具有很强的证明力，如果没有反证，公司很有可能蒙受严重的损失。

很多公司在经营中追求"人性化"管理，但"人性化"管理并不等同于无视原则办事。在日常管理中，公司需要严格按照相关的法律规定及公司章程办理用人手续，以规避隐患。对于员工开"高薪证明"的请求，公司决不能随便同意，否则这份"高薪证明"就有可能变成对方用来索薪的工具，给公司带来麻烦。

10.12 帮亲戚在公司代缴社保，却成了骗保

法律规定，一旦用人单位和劳动者签订劳动合同、达成合作，用人单位就需要为劳动者缴纳各项社保。有时候员工的亲戚因为个人原因无法缴纳社保，就会

选择挂靠在员工的公司进行缴纳。一般情况下，公司出于帮忙的心态都会答应，但实际上这么做有很大的风险。帮亲戚在公司代缴社保，很有可能涉嫌骗保，受到法律的制裁。

沈阳某物流公司就曾因为帮助一位"非员工"在公司缴纳五年社保，最终遭受了严重的损失。公司的大客户孙某某日找到公司，请求将一位亲戚挂靠到公司，并由公司帮助缴纳社保，费用由亲戚本人承担。

公司为了不失去这位大客户，就答应了孙某的请求。不仅如此，由于法律规定公司只能为自己的员工缴纳社保，为了规避人社部门的处罚风险，公司还帮助其亲戚伪造了考勤表、社保新增参保职工申报表、参保人员基本信息变更申请表、社保个人信息登记表、职工连续工龄视同缴费年限审批表等一系列材料，足以以假乱真。

结果几个月后，这位"非员工"却以未与公司签订劳动合同为由将公司诉至劳动仲裁机构，要求其支付经济补偿。

由于当初没有签订委托代缴社保协议，公司又无法证明这位亲戚并非自己的员工，最终公司败诉，向该"非员工"支付了经济补偿。

《中华人民共和国社会保险法》（以下简称《社会保险法》）第八十七条规定："社会保险经办机构以及医疗机构、药品经营单位等社会保险服务机构以欺诈、伪造证明材料或者其他手段骗取社会保险基金支出的，由社会保险行政部门责令退回骗取的社会保险金，处骗取金额二倍以上五倍以下的罚款；属于社会保险服务机构的，解除服务协议；直接负责的主管人员和其他直接责任人员有执业资格的，依法吊销其执业资格。"

《社会保险法》第八十八条规定："以欺诈、伪造证明材料或者其他手段骗取社会保险待遇的，由社会保险行政部门责令退回骗取的社会保险金，处骗取金额

第 10 章
人事风险：人事变动不是一场"消耗战"

二倍以上五倍以下的罚款。"

  由此可见，帮亲戚在公司代缴社保，并非帮忙那么简单，而是有可能构成骗保，具有法律风险。法律规定，只有在和公司建立劳动关系后，员工才能通过公司缴纳社保。如果双方没有建立劳动关系，非公司员工通过虚构劳动关系、伪造证明材料等方式挂靠到公司获取社保参保和缴费资格，则涉嫌违法。一旦被信管部门查明，将会受到严厉的处罚，公司也有可能被列入黑名单，影响公司的发展。

第 11 章 管理风险：科学化管理，拒绝公司内耗

Chapter 11

公司的管理水平与公司的效益息息相关。公司的管理水平高，会对公司的发展产生积极影响；公司的管理水平低，会给公司的发展带来困难。不科学的管理模式，会让公司的日常工作变成一种内耗，严重影响公司的效益。因此，创业者必须学会科学化管理公司，避免公司管理中可能出现的各类风险。

11.1 制度不完善，骨干辞职

很多公司在创立之初，由于创业者的能力和个人魅力出众，即使没有规范的公司制度，员工也愿意与创业者一起努力。但当公司发展壮大之后，如果依然没有规范的公司制度，就会滋生一系列不平等事件，引发员工之间的矛盾，进而引

第 11 章
管理风险：科学化管理，拒绝公司内耗

发公司的管理风险。

李林创立了一家互联网公司，经过三年多的发展，公司的规模不断扩大。但没等李林高兴多久，公司就出现了问题。上个月，公司的三名技术骨干纷纷辞职，让公司的运作一下子陷入了困境。他很不解，这三名技术骨干都曾为公司立下了汗马功劳，和自己经历了很多创业路上的风雨，为什么现在公司发展壮大了，对方却要走了？

后来，李林经过一番调查才知道，原来是自己的管理出了问题，没有做到赏罚分明。刚创业的时候，条件艰苦，大家一起奋斗，谁也没觉得不公平。后来，产品研制成功，经营慢慢转好，自己能赚多少就拿多少报酬，也没人心生怨言。

但现在公司发展壮大了，李林依旧沿用以前的管理制度，有些技术骨干为了公司的核心项目不分昼夜地工作，为公司的技术创新、产品开发付出了很多心血，但最终得到的报酬与普通员工差别不大。由于公司没有统一的考核标准，很多技术骨干觉得自己的付出与收入不符，长此以往，他们的心里越来越不平衡，最后纷纷选择离开。

公司的管理离不开完善的制度，如果没有制度为依据，那创业者就无法对员工进行公平公正的管理。很多公司由于缺乏制度的约束，员工各行其是，创业者难以对员工进行科学的评判，导致公司内部矛盾丛生，最后走向破产。

相比之下，有些公司在创立之后就建立了健全的管理制度。员工在制度的约束下行事，创业者对员工的管理也有据可依，公司也能够在和谐稳定的状态下不断发展。因此，创业者必须建立完善的公司制度，如财务制度、考核制度、培训制度、薪酬制度等，保证决策的科学性。

但是，建立完善的公司制度并不意味着制度越多越好。制度铺天盖地，也会导致公司管理失控，引发管理风险。

经过多年打拼，李元创立了一家网络游戏公司。公司在创立之初，管理十分松散，没有详细的管理制度，公司发展十分艰难。李元在员工的建议下，建立了方方面面的规章制度。在各部门的积极响应下，新的规章制度很快进入实施阶段。员工对制度的执行力非常强，希望能推动公司的发展，但结果让人大失所望。

李元不得不重新审视新制定的制度。他发现这些制度虽然很详细，但很杂乱。对于同一件事情，业务部门要管理，生产部门也要管理；有些制度既涉及生产管理条例，又涉及后勤管理条例，这降低了公司的运作效率。

为了解决这一问题，李元对公司制度进行了精简和梳理，建立了一个明确、完善、精简的制度体系，公司的运作也开始走向正轨。

铺天盖地的制度会让管理变得琐碎、杂乱无章，降低公司的运作效率。制度设计是必要环节，但在设计的过程中要把握关键要素，有全局性的安排，以提升效率、增长效益为前提。盲目追求制度管理而将制度制定过多的做法是错误的。只有建立一个明确、完善、精简的制度体系，才能发挥制度的效力，真正提升公司的管理水平。

11.2 执行不到位，制度变成一纸空文

创业者在制定了制度之后，就要坚决执行，有制度不执行也会引发公司的管理风险。

2019年10月，孙奇创立了一家小型电商公司。2020年6月，公司因经营不善陷入危机。随后，该公司被业内的一家大型电商公司看中并收购。

孙奇认为公司陷入经营危机是因为没有优质的产品和丰富的营销管理经验。但这家大型电商公司在收购孙奇的公司后，并没有进行产品和营销方面的调整，

甚至没有更换公司的设备或者裁员，而是要求员工严格执行公司此前制定的方针和规章制度。结果仅过了一个季度，公司就开始转亏为盈。

同样的公司，只是换了管理人员，为什么会有这么大的差距？最关键的一点就是"执行"，也就是将制度落实到位。任何一项工作、任务能够完成，都是紧抓执行的结果，制度不能只写在纸上，更要从纸上"走"下来，落实到日常工作中。如果没有执行，再完善的制度也是一纸空文，发挥不出其应有的作用。

总之，有制度，更要有执行。创业者一定要将制度落实到日常工作中，以此规避公司在管理中的诸多风险，保证公司的正常运营。

11.3 "家长制"管理模式盛行，缺乏科学决策机制

许多创业者虽然创立了公司，但并不懂得如何管理公司，不懂得使用更先进的、科学的管理模式，仍通过落后的"家长制"管理模式管理公司，表现为在管理中任人唯亲、唯我独尊并喜欢主观猜测和臆断。"家长制"管理模式的弊端十分明显，会导致公司的管理水平低下，引发公司的管理风险。

1. 任人唯亲式

"家长制"管理模式的第一个表现就是任人唯亲式的管理方式，即在财务、人事等方面任用自己的亲属。这些创业者往往看不到公司中能力、品行突出的员工，在关键岗位的任用方面，只会任用自己的亲属，哪怕亲属的能力并不突出。而这样的做法往往会为公司带来巨大的风险。

某上市公司在此前成立的 20 年里一直发展得很稳定，前景也十分可观，但其创始人在选择接班人时，没有选择大家公认的最优秀的员工来做接班人，而是任命其缺乏管理经验的儿子为公司的接班人。而在其儿子接手后的一年里，公司非

但没有发展，反而亏损了大笔资金。在这之后，公司每况愈下，最后不得不申请破产。

相反，另一家上市公司的创始人就坚决反对任人唯亲，并且明确规定员工亲属不得进入公司工作。该创始人认为，如果自己或员工的亲属进入了公司，可能会联合起来，形成不同的利益团体，这对公司的发展是极为不利的。正是因为该创始人的这种坚持，公司的其他员工也会将自己的亲属拒之门外。该创始人在退休时，挑选了大家公认的最有管理能力和管理经验的员工来管理公司，这使公司历经几十年沉浮依旧欣欣向荣。

2．唯我独尊式

"家长制"管理模式的第二个表现就是唯我独尊式的管理方式，这也是不可取的。

首先，唯我独尊式的管理方式意味着创业者与员工之间缺乏沟通。创业者下达命令之后，员工只需要按部就班地执行这个命令。员工对命令缺乏思考，只是盲目地执行。在这种情况下，若是在执行命令的过程中出现了意外，那员工无法在最短的时间内做出正确的反应。

其次，唯我独尊式的管理方式在很大程度上体现了创业者的意志。员工执行的每个步骤都是被规定好的，这严重限制了员工主观能动性的发挥，也难以激发员工工作的潜力。对劳动型的员工而言，多一点命令或许无可厚非；但是对技术型、研发型的员工而言，唯我独尊式的管理方式无疑会使员工的创造性受到压制。

3．主观猜测和臆断式

"家长制"管理模式的第三个表现就是主观猜测和臆断式的管理方式，这也是创业者需要避免的。在管理员工的过程中，创业者常常受到主观因素的影响，依据主观猜测来做决定，这极大地影响了决策的科学性。

第 11 章
管理风险：科学化管理，拒绝公司内耗

创业者在评判事情或选择人才时也可能犯这样的错误。如果创业者在评判事情或选择人才时过于主观，必定会给管理工作带来不利的影响，难以发挥员工的特长，无法实现人尽其用。

同时，员工在工作中出现错误是难免的，而出现错误的原因可能是多方面的，如果创业者仅凭主观猜测就认为是员工自身的问题，那么这种评价是非常片面的，容易造成创业者与员工之间的矛盾。

徐亮创立了一家纺织公司，经过几年的发展，公司的业务不断扩张。王鑫是该公司的一名销售员，他工作十分努力，销售经验也十分丰富，连续几个月都是销售团队的销售冠军。然而，在这个月，王鑫却因为上个月下滑的销售额受到了批评。原来，上个月由于工作调动，王鑫被调往其他地区负责新地区的销售工作，而新地区的目标客户并不多，王鑫更需要花费时间来寻找新的客户。这些转变使王鑫与上个月的销售冠军失之交臂，王鑫也因销售额下滑遭到了徐亮的责备。

王鑫自觉十分委屈，销售额下滑并非因为自己工作不努力，但是徐亮在评判其工作时却主观地认为其工作不努力。这种责备让王鑫十分挫败，此后一个月的销售额依旧没有提升。

上述案例表明了主观猜测和臆断式管理方式的弊端。除无法对事情做出正确、客观的判断外，主观猜测和臆断式的管理方式也不利于人才的培养。正确的职业生涯规划对于人才的成长具有重要的指引作用。而若是创业者依据自己的主观猜测来安排员工的职位，就无法让员工在适合自己的岗位上发挥出更大的价值。这对人才的成长和公司的发展而言都是非常不利的。

上述三种管理方式在很大程度上体现了创业者的意志，也大大增加了公司的决策风险。一旦创业者的判断出现了失误，那么公司的发展也将受到打击。为规

避这种风险，创业者必须摒弃以上三种管理方式，摒弃"家长制"管理模式，基于事实、问题需要、员工反馈等做出正确的决策。

11.4　部门职责不清，相互推诿

吴浩是某公司的老板，该公司经过几年发展，规模不断扩大，设有总经理办公室、销售部门、生产部门、采购部门、品管部门、总务部门、财务部门等。一天，总经理办公室的员工向吴浩反映，办公室上个月采购的一批电脑经常卡顿，存在严重的质量问题。

吴浩立即就此事召集采购部门、品管部门和总经理办公室的相关员工召开了会议。在会议中，总经理办公室认为是采购部门没有做好调查，导致电脑存在质量问题；采购部门则认为是品管部门没有尽到质量核查的责任；而品管部门则表示以往总经理办公室采购的物品都是直接和采购部门进行沟通，品管部门此前并没有这方面的职责。

几个部门就此事吵得不可开交，都拒绝承认是本部门的责任，也提不出有效的解决方法。而吴浩也察觉到了公司在管理中存在的问题：各部门职责不清，相互推诿，执行力差。

为解决这一问题，吴浩树立了各部门的职责，规定公司采购的任何物品都要采购部门进行数量和质量的确认，并由品管部门进行质量核查，同时对各部门的其他职责也进行了细化和明确。经过一段时间的整顿，各部门间的协作更加流畅，执行力也大大提高了。

如果公司各部门职责不清，就容易产生部门间相互推诿的问题，同时部门的执行力也很差，这些都会引发公司的管理风险。为规避这种风险，创业者有必要明确各部门职责，让各部门的各种行为有据可依。这不仅能够提高各部门的执行力，当公司的运作出现问题时，创业者也能够根据部门职责精准问责。

11.5 职能结构不合理，工作没效率

组织职能指的是为实施公司计划而建立起来的一种结构，其在很大程度上决定着计划能否实现。如果公司的职能结构不合理，那么即使创业者制订了科学的战略计划，计划也得不到有效的实施。公司在职能结构方面可能存在的问题主要表现为四点，分别是职能缺失、职能错位、职能弱化、职能交叉。一旦出现以上问题，公司的执行力必然低下，公司的管理能力也将大打折扣。

1. 职能缺失：职能设置存在缺失

赵刚是某化工公司的创始人。在一次检查中，他发现销售部门存在一个十分严重的问题——一些订单存在延期交货的风险。经过和销售部门经理进行沟通，赵刚了解到，订单延期交货的原因在于生产部门无法按计划完成生产任务。随后，赵刚又向生产部门经理了解情况，生产部门经理表示生产任务完不成的原因在于质检部门常常难以及时提供检验结果，并且采购部门有时也无法及时提供原料。

在上述案例中，该公司缺乏对流程的管理，也没有相应的部门统一管理各部门间的协作，这表明公司的职能设置存在缺失。

2. 职能错位：某部门承担了其他部门要具备的能力

郑涵是某贸易公司的总经理。最近一段时间，他发现业务部门和人力资源部门间的矛盾日益突出。为解决这一问题，郑涵对两个部门的工作进行了一系列的调查。

经过调查，郑涵发现业务部门和人力资源部门间的矛盾主要集中在员工考核

方面：在当前的考核制度中，业务部门员工的考核目标由业务部门下达，但是对员工的日常工作情况、目标完成情况进行检查和考核的是人力资源部门。人力资源部门负责检查业务部门员工的目标完成情况，为员工的绩效考核评分，而业务部门失去了对员工进行考核的权利。在这种情况下，业务部门的主管和经理往往对员工的业绩表现不管不问，只顾着进行部门的业务工作。

更糟糕的是，这种制度使业务部门和人力资源部门间存在很大的矛盾。业务部门认为人力资源部门的检查太多，给部门的日常工作带来了很多麻烦，认为本部门是在帮人力资源部门的忙。而人力资源部门也常常抱怨业务部门不配合工作。在出现问题时，双方总是相互推诿、相互指责，导致很多问题找不到明确的负责人，问题久拖不决，严重影响了公司的运行。

这反映出业务部门与人力资源部门在职责分工方面存在错位的问题。绩效考核的目的是实现公司、部门的目标，各部门的考核目标都是由公司目标分解而来的，并且目标必须经过人力资源部门和业务部门的充分沟通和认可才能实施。

同时，绩效考核工作涉及两种工作分工：一是绩效考核的组织者，即人力资源部门负责公司绩效方针的制定，并组织、汇总各部门考核情况；二是绩效考核的执行者，即业务部门负责考核的记录、统计、评价、改进等工作。

为保证考核的公平公正性，人力资源部门可以对业务部门的考核执行工作进行检查，但不能代替其工作。如果双方的职能出现错位，工作职责不明，势必会带来种种问题。

3. 职能弱化：某部门的业务能力不足以支撑业务运行

一些公司里可能存在这种状况：某些部门的工作十分饱和，员工时常加班，而另一些部门的工作却十分轻松。如果公司中存在这样的反差，就说存在职能弱化的问题。

第 11 章
管理风险：科学化管理，拒绝公司内耗

4．职能交叉：业务分散在两个或两个以上的部门

职能交叉也是常见的职能问题。例如，某公司刚刚招聘了一批新员工，在正式上岗之前，人力资源部门对其进行了基础的培训，同时业务部门也对其进行了业务方面的培训。一段时间后，新员工的整体工作情况不佳，在创业者询问问题的原因时，人力资源部门和业务部门都将责任推到了对方身上，称是对方的培训不给力，而并没有反思本部门培训可能存在的问题。

职能交叉在很多公司中都会存在，在业务关联性较强的部门间，更容易出现职能交叉。如果在职能交叉的领域出现问题，相关的部门往往会相互推诿，推卸责任。

当出现以上四种职能问题时，各部门间的工作无法顺利地衔接，公司的执行力自然会低，在这种情况下，创业者也无法发挥出自己的管理能力。为规避以上风险，创业者需要定期对公司的职能结构进行诊断，明确各部门是否具有开展本部门业务的能力，同时明确各部门职责，避免公司管理出现交叉地带或真空地带。只有公司的执行力提高了，才说明创业者对于公司的管理是有效的。

11.6　未做到专人专事，无人负责问题

林子涵是某互联网公司的总经理，由于公司刚刚创立，林子涵也缺乏管理经验，因此公司的工作并不好推动。一次，公司接到了一个比较紧急的订单，林子涵召集员工召开了会议，根据订单分配了每个团队的工作。

交货日期临近，林子涵在检查工作进度时，才发现员工的工作存在很大问题：有的员工没有按时完成自己的工作，有的员工和其他员工做了重复的工作，还有一些琐碎的工作根本没人负责。无奈之下，林子涵只得重新调整了员工的工作，但由于前期的失误，订单还是没有按时完成，最终公司支付了一笔违约费用。

随后，林子涵又召开了会议，想弄清楚究竟是哪个环节出现了问题。但当初林子涵只是将工作进行了初步分解并分配到了各团队中，并没有明确每个员工的工作，因此在会议上，大家相互推诿，不承认自己的工作存在问题。员工争吵不休，林子涵也十分头疼，最终只得自己承担了这笔损失。

上述案例表明了管理中未做到专人专事的风险。当一个员工负责一项工作时，他必须承担这项工作的责任。但当一个团队完成一项工作时，责任就被扩大化了。员工难免会有这样的想法：如果出了问题，责任是大家的，不是我自己的。如果团队中的每个成员都有这样的想法，那么团队的工作就无法很好地完成。

因此，创业者在将一项工作交给一个团队完成时，一定要将工作细化、责任到人，做到专人专事。这样万一工作出了问题，创业者也能够找到具体的负责人，做到精准问责。

专人专事有助于强化员工的责任感，避免员工心存侥幸。在现实中，有些员工在工作中盲目追求绩效，忽略了工作质量问题，也有些员工为了更快地实现工作目标而知错犯错。而明确了每个员工的职责后，工作出现问题会更容易被发现，这就断绝了员工逃避责任的退路，让员工自觉杜绝心存侥幸的心理，从而对自己的工作更加负责。

为做到专人专事，创业者需要明确部门、团队及员工的工作目标和职责。在这方面，创业者可以让每个员工签订目标责任书。签订目标责任书主要有以下几个方面的优点。

（1）提高每个员工的竞争意识、责任意识。

（2）健全公司的竞争机制。

（3）让员工对自己的目标更加重视，给他们施加一定的工作压力，并把压力变成动力。

第 11 章
管理风险：科学化管理，拒绝公司内耗

（4）将工作目标和职责用书面的形式展示出来，便于创业者对目标执行过程进行管理。

表 11-1 所示为一份目标责任书的模板，创业者在制定目标责任书的时候可以借鉴此模板。

表 11-1　目标责任书

××××公司××项目目标责任书

根据公司的总目标，并综合考虑市场竞争、历史业绩、产品实际情况等多种因素，为了充分调动每个员工的工作积极性和工作热情，保证公司总目标能够顺利实现，在公平、公正、自愿的基础上，特别制定出该目标责任书，并在该目标责任书中明确每个员工的目标和责任。

一、目标责任人

二、目标任务

三、完成目标的时间期限

四、责任人应尽的义务

在签订年度目标责任书以后，责任人应该履行以下几项义务：

1．把完成工作目标作为未来工作的重心，做好规划、勤奋工作，要尽自己最大的努力完成目标。如果目前的模式存在问题，则要及时改进，公司也将不定期地进行监督、考核的工作。

2．做好市场分析，及时向主管提交分析报告，为公司战略的制定提供有价值的依据。

3．严格控制好成本，做到不泄露公司机密、不违背职业道德，切实保障公司的利益。

4．自愿接受主管、公司高层等管理者的监督。

5．在工作过程中，不得做与工作无关的事情，不得从事本职工作之外的第二职业，不能损坏公司的声誉。

6．严格遵守公司的规章制度。

7．严格遵守国家的法律法规。

五、考核目标的办法

各责任人应该按照工作目标，安排好自己的工作。公司会成立一个或多个考核小组，对各责任人的工作进行考核。

六、奖惩方案

1．奖励的标准。

把完成目标的情况，作为奖励的标准。如果 100%完成了工作目标，就会获得相应的奖励，奖励数额要根据个人的销售额和利润来确定。

2．奖励的方式。

公司可以提供现金、旅游、股份等多种奖励方式，具体的方式要由责任人和公司协商决定。

3．对于没有完成目标的责任人，公司要对其进行考核，根据考核结果决定是否对责任人做出处罚。

监督人：　　　　　　　　　　责任人：

　　年　月　日　　　　　　　　年　月　日

这份目标责任书模板是包含奖励措施的，这就在一定程度上起到了激励员工的作用。如果创业者只把工作目标下达给员工，而没有制定一份这样的目标责任书，员工可能只看得到目标而看不到完成目标以后的奖励，这样会极大地降低他们的积极性。有了这份目标责任书，员工可以明确地知道自己能够得到的奖励，在完成目标的时候也就更加有动力。

11.7　管理制度有问题，员工流动性大

员工流失是公司在管理中的常见问题，如果公司中存在以下问题，就极有可能引发员工流失风险。

1. 员工工资及福利待遇偏低

人们之所以会选择去工作，其根本原因在于生活所需。当然，这个需要包括物质上的和精神上的。物质上的需要是指工资、福利待遇等方面的需要，而精神上的需要是指人们常说的自我价值的实现。而且，精神需要一般是建立在物质需要得到满足的基础之上的。所以说，当一家公司的工资及福利待遇达不到员工的期望，甚至达不到当时社会的平均水平时，就会引发员工流失风险。

国家会设定一个最低工资标准，当地政府也会根据当地的经济发展情况，以及物价水平、消费水平等因素设定一个最低工资标准。同时，在资讯爆炸的移动互联网时代，同行业、同类型公司的工资标准也是必须参考的标准之一。特别是新成立的公司，其制定的工资标准不仅不能低于国家和当地规定的这两个最低标准，还不能低于同行业、同类型公司的标准。否则，公司就难以招聘到员工，尤其是优秀的员工。即使很幸运地招聘到了员工，最终也会流失。

第 11 章
管理风险：科学化管理，拒绝公司内耗

2. 员工工作压力过大

有些公司虽然给出了较高的工资和福利待遇，但安排的工作任务也非常繁重。本来规定的上班时间是 8 小时，但公司安排的工作任务 10 小时也无法完成，在这种情况下，就会给员工带来极大的工作压力。毫无疑问，过不了多久，员工就会向公司提出离职。

目前还有一种较为普遍的情况，就是有些公司为了赶工作进度，要求员工在周末及节假日加班。而且，公司既不按照国家的规定支付加班费，也不会给员工安排调休。即使公司的工资和福利待遇再好，长此以往，也会让员工产生不满，最终导致员工流失。

3. 员工没有发展空间

员工工作的目的有两个，其中一个就是精神目的，即追求自我价值的实现。如何才能让员工实现自我价值呢？答案就是给员工足够的发展空间。具体来说，就是为员工提供晋升的机会和空间。如果公司忽略了员工自我实现方面的诉求，没有为他们提供晋升的机会和空间，那么自身成长被限制的员工最终会选择离职。

4. 公司的发展前景不好

有的创业者为了保护商业机密，从不向员工透露公司的情况，包括业务情况、公司的发展前景等。随着"00 后"走入职场，他们对于职场工作的认知与需求发生了更多变化，创业者更需要进行良好的沟通，以让员工感受到公司良好的发展前景。否则，在疏于沟通的情况下，会让员工对公司产生怀疑，会让员工觉得公司没有广阔的发展前景。基于这种心理，很多员工会选择离职。在员工看来，公司的发展前景不好，也就意味着个人没有了发展的空间。

创业者可能认为，新成立的公司竞争力很弱，一旦商业机密被透露，可能给公司带来灭顶之灾。这种想法固然没错，但公司员工是与创业者并肩作战的队友，

如果创业者不信任他们，他们自然很难愿意和创业者共同奋斗。并非所有的公司信息都是商业机密，创业者可以有选择地向员工透露一些信息，以便稳定员工。

5. 公司氛围不够融洽

大多数公司都按照规定，实行 5 天 8 小时工作制，加上中午休息的时间，员工在公司的时间在 10 小时左右。这也就意味着，员工一天中的大部分时间是在公司中度过的。如果公司的办公环境不好，到处呈现着脏乱差的状态，那么员工自然会选择离开这个地方。

除公司的硬件设施外，公司氛围还包括公司的企业文化氛围及工作氛围。如果创业者的管理过于严苛，给人一种紧张、压抑的感觉，也会给员工带来极大的心理压力，造成员工流失。

美国劳动力市场曾经做过一次调查，结果显示：在整个员工离职中，大约 20% 的离职属于必然离职，而必然离职在整个员工离职中所占的比例是稳定且较小的；剩余的大约 80% 的离职属于可避免离职，而减少甚至消灭这部分离职就是公司管理的任务和价值所在。

创业者需要明确员工流失的原因，并对公司现状进行分析。如果公司中存在以上一种或几种现象，或者已经出现了员工流失严重的问题，创业者就需要针对以上几个方面对症下药，有效降低员工的流失率，减少员工流失对公司造成的损失。

11.8　员工不积极，公司目标难以实现

张梦是某化妆品公司的总经理。经过两年左右的发展，公司的发展趋势基本稳定，团队也扩大了好几倍。上个月，公司推出了新产品，为了使新产品快速打

第 11 章
管理风险：科学化管理，拒绝公司内耗

入市场，张梦为销售部门制定了比以往更高的销售目标，以激励员工努力工作。

但一段时间过后，张梦发现销售部门员工的工作情况并不如意，很多上个月表现良好的员工，这个月的业绩都有了下滑。张梦看在眼里，急在心头，于是召开了员工会议，对员工业绩下滑的现象提出了批评，并扣除了这些员工当月的奖金。

会议过后，张梦发现，员工的工作表现并没有好转，甚至更多的员工出现了业绩下滑的现象。还没等张梦再次召开会议，就有几名员工找到她，表示要辞职。张梦不解，与对方进行了一次长谈，才发现了自己在管理中存在的问题。

原来，因为消费者对新产品并不了解，所以新产品的销售并不顺利，在较高销售目标的压力下，员工的心理压力十分大。而在上次会议中，张梦丝毫没有考虑员工的处境，还对业绩下滑的员工进行了处罚，这更是加大了员工的心理负担。在重重压力之下，员工的工作很难有动力，不得不辞职。

经过一番交流，张梦反思了自己在管理中的失误并进行了改正。她没有下调员工的销售目标，而是根据员工的目标完成情况设定了不同的奖惩措施：目标完成80%以下的员工要接受处罚；目标完成80%以上的员工，目标完成度越高，获得的奖金越丰厚。经过这番调整，原来打算辞职的员工改变了想法，员工的工作热情也大大提高了。到了下个月，几乎所有的员工都获得了奖金。

如果员工的工作缺乏主动性，那么公司的目标就很难如期实现，这将为公司的发展带来风险，也体现了公司管理的失效。为规避这种风险，创业者需要建立完善的激励机制，激发员工工作的积极性。那么，创业者需要从哪些方面建立激励机制？

1. 满足机制

所谓满足机制，主要是指满足员工的物质需要和精神需要。这是一个很简单

也很现实的问题，毕竟大多数人工作是为了生存。衣食住行等方面的需要都属于物质需要，而满足这个需要的前提便是工资。也就是说，公司需要建立有竞争力的薪酬机制，向员工发放适度、超预期的工资，更能让员工得到物质上的满足。

物质满足是最基本的条件。当员工的物质需要得到满足后，他们就会追求更高的需要，即精神需要。因此，公司要注重对员工的精神激励，如设置各种带有物质激励的荣誉或奖项，让员工感受到荣誉感和满足感。当员工的物质需要和精神需要都得到了满足时，他们才会愿意全心全意地投入工作。

2．升华机制

员工工作的过程也是实现自我价值的过程。事实上，绝大多数员工都是带着自己的理想来工作的。既然如此，建立有利于员工实现自我价值的机制是可以激励员工的。因此，公司需要建立一套升华机制，为员工提供升职加薪、进修提升的机会。升华机制对提升公司的整体战斗力会起到很大的作用。从长远来看，建立企业文化，并与时俱进地修正企业愿景，对员工进行正确的引导，是公司长期保持竞争力及吸引力的重要法宝。

当员工的物质需要和精神需要都能够在工作中得到满足，并且有明确的晋升通道、能够实现自我价值时，其工作的积极性自然会被激发，由此促进公司产生更大的经济效益。只有实现了这一目标，公司对于员工的管理才是成功的。

第 12 章
Chapter 12

营销风险：营销活动也可能变成一场危机

为了打响产品的知名度，很多公司都会采取营销手段。营销手段用得好，将对公司及产品提升知名度起到极大的作用。但是同时，用营销手段为公司及产品进行宣传，有时也会出现意料之外的反效果。如果不合理规避营销中的风险，营销活动很可能变成一场危机。

12.1 重金请代言人，为什么品牌反而"糊"了

网络和社交媒体造就了许多新兴明星，如选秀明星、网络红人等。这些选秀明星和网络红人拥有活跃度高、黏性强的优质粉丝群体，因此成为公司发布营销广告及品牌代言的热门人选。

选择代言人是一件十分慎重的事，公司不仅要考虑代言人的形象是否和品牌风格相匹配，更要预防代言人的负面新闻带来的潜在风险。要树立与社会主体价值观一致的品牌意识，不能简单地理解为负面新闻也能带来流量。公司需要动态评估代言人的举止与言行，避免因代言人的行为损害品牌形象。移动互联网时代的信息交互，既可能非常快速地成就一个品牌，为其带来较大的营销收益，也可能非常快速地导致公司品牌"社交性死亡"。

无论是选择代言人还是发布品牌广告，都要遵守相关的法律法规。

《中华人民共和国广告法》第九条规定，"广告不得有下列情形：

（一）使用或者变相使用中华人民共和国的国旗、国歌、国徽，军旗、军歌、军徽；

（二）使用或者变相使用国家机关、国家机关工作人员的名义或者形象；

（三）使用"国家级"、"最高级"、"最佳"等用语；

（四）损害国家的尊严或者利益，泄露国家秘密；

（五）妨碍社会安定，损害社会公共利益；

（六）危害人身、财产安全，泄露个人隐私；

（七）妨碍社会公共秩序或者违背社会良好风尚；

（八）含有淫秽、色情、赌博、迷信、恐怖、暴力的内容；

（九）含有民族、种族、宗教、性别歧视的内容；

（十）妨碍环境、自然资源或者文化遗产保护；

（十一）法律、行政法规规定禁止的其他情形。"

第三十八条规定："广告代言人在广告中对商品、服务作推荐、证明，应当依据事实，符合本法和有关法律、行政法规规定，并不得为其未使用过的商品或者未接受过的服务作推荐、证明。不得利用不满十周岁的未成年人作为广告代言人。对在虚假广告中作推荐、证明受到行政处罚未满三年的自然人、法人或者其他组织，不得利用其作为广告代言人。"

第六十二条规定，"广告代言人有下列情形之一的，由市场监督管理部门没收违法所得，并处违法所得一倍以上二倍以下的罚款：

（一）违反本法第十六条第一款第四项规定，在医疗、药品、医疗器械广告中作推荐、证明的；

（二）违反本法第十八条第一款第五项规定，在保健食品广告中作推荐、证明的；

（三）违反本法第三十八条第一款规定，为其未使用过的商品或者未接受过的服务作推荐、证明的；

（四）明知或者应知广告虚假仍在广告中对商品、服务作推荐、证明的。"

总之，在选择代言人及发布品牌广告的过程中，公司需要牢记以上法律法规，不选择不满十周岁的未成年人和受到行政处罚未满三年的自然人、法人或者其他组织作为代言人，同时在广告内容方面也要保证合法性，拒绝虚假宣传。

12.2　面对消费者投诉如何公关

对公司来说，消费者是一个需要重点管理和防控的风险来源。某商城因在某次促销活动中未按约定履行合同，遭到消费者的集体投诉；某公司因金奖造假风波，也与消费者产生了诉讼纠纷。当前，消费者的维权意识逐渐崛起，加上移动互联网的发展，社交媒体成为消费者宣泄情绪的直接渠道，由此引发的消费者关于产品、服务、营销活动等各方面的投诉与诉讼成为公司需要面对及妥善处理的重要问题。

例如，某款食品为一种蛋白质含量较低的高糖产品，而公司在广告中宣传产品蛋白质含量较高，以此吸引更多的消费者购买。这种以虚假广告误导消费者的行为就可能引发消费者的投诉。再如，某公司在销售产品时，表明了会提供安装、维修等售后服务，但等到消费者购买产品后，却对消费者的维修请求置之不理。这种行为违反了双方的约定，极易引发消费者的投诉。

在面对消费者投诉时，公司必须及时进行回复，快速解决消费者投诉的问题。同时，公司必须认真分析问题，找到产品或服务中的漏洞，及时对产品或服务进行完善，减少此类投诉的发生。

此外，公司在营销过程中必须做到诚实守信，对于产品效果的描述，要有客观的数据作为支撑，不要夸大产品效果，进行虚假宣传。同时，公司需要遵守约定，切实为消费者提供此前承诺过的售后服务、三包服务等，避免消费者因此投诉公司。

12.3 社交媒体既能"爆红"也能"爆黑"

微博、微信、钉钉、天猫、淘宝直播、抖音、快手、网易新闻等各类社交网站、购物网站、短视频App、新闻App中聚集着大量流量，能够在短时间内实现信息的快速扩散。同时，社交媒体也成为公司营销的重要渠道。公司可以利用社交媒体倾听用户的声音、宣传产品，在潜移默化中影响用户。对公司来说，电商已经是必不可少的营销渠道之一。线上线下的有机互动是必备工作。社交媒体既是营销工具，也是直接的销售工具。所以，社交媒体既是机遇也是风险重灾区，既能让品牌"爆红"，也能让品牌"爆黑"。

# 第 12 章
营销风险：营销活动也可能变成一场危机

和其他营销方式相比，社交媒体营销具有诸多优势。

1. 可以满足公司不同的营销策略

社交媒体中聚集着大量流量，同时用户之间可以通过社交媒体进行互动，这些都有利于公司营销策略的开展。公司可借助社交媒体开展各种各样的产品营销活动。

2. 可以降低公司的营销成本，提高回报率

许多公司每年投入高昂的广告成本，但回报率很低。社交媒体营销能够实现"多对多"的信息传递，扩大信息的传播范围。社交媒体营销传播的媒介是用户，传播的方式是"众口相传"。和传统的广告相比，社交媒体营销基于用户的广泛参与、互动和分享，很容易加深用户对产品的认知，形成更好的传播效果。

3. 能够实现目标用户的精准营销

不同社交媒体中聚集的用户具有不同的特点。在大数据时代，这些互联网公司都采用了"千人千面"技术，可以根据社交媒体中用户的年龄、性别、地域、爱好等分析社交平台与产品目标用户的契合性，从众多的社交媒体中找到最适合自己的平台进行精准营销。同时，通过各类社交媒体，公司可以聚集起大量的粉丝，这些粉丝都是公司产品的目标用户。公司针对粉丝进行各种营销活动能够实现目标用户的精准营销。

4. 帮助公司及时进行公关，提高好感度

用户通过社交媒体获得和分享信息，公司则通过社交媒体及时了解用户的态度，并做出回应。同时，社交媒体是一条重要的发声渠道，当公司出现问题时，可以及时利用社交媒体进行公关，降低事件的不良影响，在获得用户信任的同时提高用户对于公司的好感度。

虽然社交媒体营销存在以上机遇，但社交媒体也是营销风险频发的重灾区。

社交媒体营销的风险主要源自公司版权意识缺失、内容原创能力不足，以及对社交媒体管理不够谨慎、对品牌管理缺少章法。例如，某公司在发微博时擅自使用 4 张其他公司具有著作权的图片被判赔 1.4 万元；某公司因将他人的原创作品稍加修改后发布于微信公众号，侵害了作者的著作权而被告上法庭。此外，社交媒体也是隐私泄露、名誉侵权等侵权风险的重灾区，公司需要对此加以重视。

《中华人民共和国著作权法》第三条规定，"本法所称的作品，是指文学、艺术和科学领域内具有独创性并能以一定形式表现的智力成果，包括：

（一）文字作品；

（二）口述作品；

（三）音乐、戏剧、曲艺、舞蹈、杂技艺术作品；

（四）美术、建筑作品；

（五）摄影作品；

（六）视听作品；

（七）工程设计图、产品设计图、地图、示意图等图形作品和模型作品；

（八）计算机软件；

（九）符合作品特征的其他智力成果。"

对于以上几种形式的作品，作者具有著作权，其他个人或公司侵害著作权的行为属于违法行为。

《信息网络传播权保护条例》第二条规定："权利人享有的信息网络传播权受著作权法和本条例保护。除法律、行政法规另有规定的外，任何组织或者个人将他人的作品、表演、录音录像制品通过信息网络向公众提供，应当取得权利人许可，并支付报酬。"

依据以上法律法规，如果公司转载了未经授权的文章，即使注明了作者和出处，也会侵害作者的信息网络传播权。如果公司不但没有标注作者和出处，甚至稍加修改冒充原创，那么这种行为既侵害了作者的信息网络传播权，也侵害了作者的署名权及其他权利。

因此，公司在社交媒体营销中，不能发布或篡改未经授权的照片、文章、视频等各种形式的作品。公司需要建立严格、完善的知识产权管理制度，设立自身产品的品牌推广原则，建立自身的内容原创团队，形成有效的营销、品牌与线上销售有机互动的管理体系，对营销人员进行培训，使其严格按照既定流程在微信等私域流量区域发布合规可控的内容。在使用可能存在版权问题的外部内容时，公司需要对内容做好审核，避免遭遇版权风险。

12.4 消费者信息守不好，隐患无穷多

大数据技术在营销领域的应用，使公司可以合规地获得大量的、具体的消费者身份数据和历史行为数据。这些数据为公司分析消费者，进行更有效的个性化营销提供了支撑。在享受大数据福利的同时，公司也需要保障消费者的信息安全。

目前，我国还没有制定专门的个人信息保护法，但《民法典》《促进大数据发展行动纲要》等法律法规中都涉及了对个人信息的保护。

有关个人信息受法律保护，《民法典》第一百一十一条规定："自然人的个人信息受法律保护。任何组织或者个人需要获取他人个人信息的，应当依法取得并确保信息安全，不得非法收集、使用、加工、传输他人个人信息，不得非法买卖、提供或者公开他人个人信息。"

有关隐私权，《民法典》第一千零三十二条规定："自然人享有隐私权。任何

组织或者个人不得以刺探、侵扰、泄露、公开等方式侵害他人的隐私权。隐私是自然人的私人生活安宁和不愿为他人知晓的私密空间、私密活动、私密信息。"

有关隐私权侵害行为，《民法典》第一千零三十三条规定，"除法律另有规定或者权利人明确同意外，任何组织或者个人不得实施下列行为：

（一）以电话、短信、即时通讯工具、电子邮件、传单等方式侵扰他人的私人生活安宁；

（二）进入、拍摄、窥视他人的住宅、宾馆房间等私密空间；

（三）拍摄、窥视、窃听、公开他人的私密活动；

（四）拍摄、窥视他人身体的私密部位；

（五）处理他人的私密信息；

（六）以其他方式侵害他人的隐私权。"

《促进大数据发展行动纲要》中明确表示，要"健全大数据安全保障体系。加强大数据环境下的网络安全问题研究和基于大数据的网络安全技术研究，落实信息安全等级保护、风险评估等网络安全制度，建立健全大数据安全保障体系"。

依据以上法律法规的规定，公司需要加强对于消费者信息安全及隐私的保护，规避消费者隐私风险，了解消费者在信息安全方面的诉求，在法律允许的范围内进行数据的收集、分析和使用。同时，在营销实践中，公司也要向消费者表明其是在获得消费者同意并授权的情况下收集数据的，并且有能力保障数据的安全，在合理的范围内使用数据，给予消费者充分的知情权和选择权。

12.5 "多砸钱"做营销一定能成功吗

公司的品牌是在不断营销、不断渗透的过程中建立起来的，营销渗透和

第 12 章
营销风险：营销活动也可能变成一场危机

渠道渗透对于建立品牌具有重要的意义。只有不断地进行营销渗透与渠道渗透，产品销量与市场份额才能实现持续增长。不同的品牌，有不同的营销方式。品牌最终是需要时间来成长的。但是，国内有些广告公司，为了投放更多的广告，营造了"烧钱式营销"的"神话"。一些公司就会据此推导出如下结论：有钱就能促进品牌营销和品牌的持续渗透，就能推动公司和品牌的发展。形成了这种认知之后，这些公司往往会希望通过"烧钱式营销"推广品牌，为公司宣传增色。

在现实中，在品牌营销方面投入巨额资金的公司很多，但真正获得快速且持续成长的公司依然寥寥无几。推动公司成长的关键并非"烧钱"，特别是在移动互联网时代，信息大爆炸，针对目标消费群体，设定好品牌推广原则，以"润物细无声"的方式实现品牌渗透，可能是塑造品牌的更好方式。

很多公司投入了大量资金做品牌营销，却没有达到理想的渗透效果，这是为什么？

1. 预算浪费

品牌营销所选择的营销媒介和销售渠道必须能够触达消费者，才能加深消费者对于品牌的印象，实现较好的品牌渗透效果。

比如，擅长营销的消费品类公司习惯于用 GPR（总收视点）数据衡量电视广告的效果；而媒介代理公司为了收益，往往将自己代理的广告载体给出好看的数据，导致"广告费用有一半不知道是浪费在哪里的"。这样的品牌营销难以触及真正的消费者，营销效果自然不会好。大数据时代，消费品类公司也都调整了营销策略，将营销资金转移到了更精准的数字化渠道、网络渠道，增加了触达目标消费者的规模，提高了品牌渗透率，最终推动了品牌的发展。

2. 缺乏品牌独特性

品牌营销的前提是品牌具有独特性，即具有能够让消费者分辨品牌和记忆品牌的特点，使品牌能够在消费者的心智中留下印象。如果品牌缺乏独特性，无法使消费者明确记住品牌，就会很容易和竞争对手相混淆。"分辨"和"记忆"是品牌独特性的两个核心功能，脱离了这两大功能，只谈营销创意的营销活动只会浪费资金。

许多公司习惯于投入大量资金设计一个品牌价值主张，创造许多复杂的品牌营销素材，以获得消费者的认可或感动消费者，却忽略了品牌营销最基础的目标——让消费者辨识出品牌、记住品牌。只有让品牌深深植入消费者的记忆中，品牌的价值主张营销才是有效的。

3. 缺乏持续性

在营销策略方面，很多公司都会抓住"6·18购物节""11.11购物节"等时机进行节日营销，或者借助互联网热点事件进行事件营销，却忽略了平时持续的营销渗透。这是违反消费者记忆特点的。消费者不会根据一次性印象购买某品牌的产品，只有不断通过各种渠道看到该品牌，他们才会记住品牌并且购买该品牌的产品。因此，公司需要持续地进行品牌宣传，一遍遍加深消费者对于品牌的印象。

比如，盒马鲜生在开张时引起了广泛关注，但如果缺乏持续性的曝光和品牌渗透，其也会被消费者遗忘。消费者还是会选择每天都能看到的实体超市。再如，即便已经成为全球知名的大品牌，可口可乐依旧十分重视品牌的宣传，不断地进行营销渗透和渠道渗透。

持续性并不是营销方式或营销渠道的持续性，而是营销效果的持续性，即让品牌持续不断地渗透到消费者的心智中。所以，无论是节日营销、事件营销还是日常曝光营销，无论是线上营销还是线下营销，最终结果只要有助于品牌渗透，

4．产品品质硬伤

许多品牌都可以靠传统的分销、广告的渗透模式，同时借助我国巨大的人口红利和市场差异性实现快速增长。在这种情况下，许多公司都忽视了对产品品质的要求。但在当下的竞争市场中，品牌口碑的竞争越来越突出，如果产品质量不佳，甚至存在硬伤，那么会大大影响品牌的口碑，进而阻碍品牌的成长。

比如，以高品质著称的格力无疑是我国空调市场上的龙头企业，其他产品质量较差的空调品牌虽然可以通过薄利多销的方式在市场中生存，但是难以获得进一步的发展，更无法与格力抗衡。公司要想成功建立品牌，就要保证产品质量，要想实现品牌的持续增长，就要不断提高产品质量并不断创新。

总之，粗放式营销的时代早已过去，要想取得更好的营销效果，就要保证产品质量、打造品牌的独特性，同时保证营销的持续性和有效性。品牌营销是需要技巧的，一味地烧钱营销难以赢得消费者的欢心。

12.6　营销过度反而"招黑"

营销是一个永无止境的课题。经常出现一些公司在营销方面投入了大量的资金，却没有获得相应的影响效果，甚至遭到了消费者的差评的情况。究其原因，很有可能是这些公司没有把握好营销的度。营销过度往往会带来相反的效果。

1．营销过度的表现之一：暴力刷屏

某公司在进行品牌营销的时候，设计了简单洗脑的广告词，并通过大量的投放实现了在电视、网络中的暴力刷屏。这种简单粗暴的营销方式，在20世纪八九十年代或许有一定效果，但放到现在，或许只是提高了该品牌的曝光度和影响力

而已，大概率只能获得负面的影响力、口碑方面的负面评价。对消费者来说，其在了解了该品牌的同时，会对该品牌的营销方式感到厌烦。

该公司原本想将这一品牌打造为高端品牌，主打"高品质服务"，但其营销方式被消费者打上了低端的标签。因此，即使该品牌十分"出名"，仍难以打动消费者。

2．营销过度的表现之二：营销文案"翻车"

某品牌因为高质量的产品和颇富创意的营销文案深受广大消费者的喜爱，但在某次营销活动中，该品牌却"翻车"了。

该品牌的目标受众是女性群体，但是在其营销文案中表现出了对女性的不尊重和恶意调侃。该文案引起了广大网友对该品牌的关注，同时激起了很多消费者的怒火。随着该事件的发酵，该品牌的口碑不断下滑。该品牌不得不在官方微博上发布道歉声明，承认了自己的错误，但即使如此，仍对其品牌形象造成了不良影响。

并非所有的营销都能取得好的效果，过度营销反而会引起消费者的反感。因此，公司需要把握营销的度，只有适度营销才能获得更好的营销效果。那么，公司应如何把握营销的度呢？

（1）设定品牌推广原则、把握底线。

在注意力稀缺的时代，越"出格"的营销内容越能获得大众的关注，但公司必须设定品牌推广原则，把握品牌推广可能带来的影响的底线。如果公司以"出格"的内容、"抖机灵"式的营销创意吸引大众的关注，就很可能"翻车"，严重损害公司形象。

（2）把握目标受众。

公司在进行营销时必须把握目标受众。如果公司的目标受众是女性群体，在其营销文案中却表现出对女性的不尊重或偏见，那么这样的营销会让消费者更加反感。公司必须弄清楚文案在"对谁说话"，思考目标受众的需求。

（3）控制消费者的预期。

公司在设计营销文案时总会放大产品的核心优势，以此打动消费者，进而促成交易。但对产品的过度夸赞会让消费者产生过高的期望，在使用产品后满意度降低，进而导致消费者流失。而适度控制消费者的预期则会在消费者使用产品的过程中为其制造惊喜，进而提高消费者的黏性。因此，公司需要把握营销文案的度，让其既能够吸引消费者，又不至于使消费者产生过高的期望。

12.7 公司出现大危机时如何力挽狂澜

当公司经营不善或受外界特殊事件的影响，遭遇经营危机时，为了消除影响、挽回形象，就需要进行公关。那么，公司如何做才能取得较好的公关效果？如何进行公关才能力挽狂澜？

1. 第一时间响应

在发生危机事件，公司的形象受损时，公司需要在第一时间响应。在互联网时代，舆论发酵的速度是十分快的。如果公司没有及时对危机事件进行响应，引导公众的思想，那么公众就会在心里形成有损于公司形象的判断。

某品牌是一个以保健及美容为主的品牌，深受广大女性消费者的喜爱，其在经营过程中就遭遇过影响十分不好的危机事件。当时，该品牌面膜疑致人身亡的消息在网络上广泛传播，引起了广大消费者的恐慌。

该事件的曝光使该品牌遭到了广大消费者的质疑，品牌形象岌岌可危。面对这样的局面，该品牌第一时间在其官方微博上发布了关于该事件的"致媒体函"，

创业风险管理
创业开公司必知的实操陷阱

具体内容如下。

致媒体函

近日,有用户家属声称其家人使用了本品牌的美白面膜后身亡,对于该事件,我司表示高度关注,特做声明如下。

本品牌的美白面膜达到了中国化妆品卫生规范标准,通过了欧洲质检机构的毒理评估测试,且该产品在国家指定的质检机构进行了皮肤斑贴测试和执行标准的检测,结果显示产品安全、符合标准。该产品自上市以来,售出超过一百万盒,从未发生过因肤质原因导致使用过敏的投诉事件。

虽然目前并没有证据证明该用户的死因与该产品有关,此事件仍处于调查阶段,但是本着对用户健康负责的态度,我司做出以下安排。

(1)立刻将该产品在所有店铺暂时下架,并着手对该产品进行进一步的检测。

(2)及时与用户家属及政府部门取得联系,并与用户家属进行沟通。但到目前为止,未获得用户家属同意配合对事故原因进行调查。

(3)为了尊重事实,我们仍会继续与用户家属进行沟通,并希望用户家属积极配合调查。

我司一直致力于为用户提供优质的产品,一直根据国家法律法规严格审核产品,确保产品符合法律法规的要求和规定。

另外,秉持对消费者负责的态度,该品牌把涉事面膜送到了国家化妆品质量监督检验中心进行检测,并在检测结果出来之前将其下架。最终的检测结果是涉事面膜完全符合标准,不存在任何问题。

虽然此事件让消费者对该品牌的产品产生了不信任,也对该品牌的品牌形象造成了一定的影响,但该品牌所做的快速回应及一系列行为,在很大程度上缓和了消费者的情绪,让消费者感受到了认真和诚恳。

第 12 章
营销风险：营销活动也可能变成一场危机

而且，该品牌又通过国家化妆品质量监督检验中心对涉事面膜的检测证明了其无害性，最后利用社交媒体进行广泛传播，让消费者了解真相，表明此事件与涉事面膜没有关系，从而扭转了社会舆论，顺利度过了危机。

该品牌之所以能够把危机事件处理得如此完美，主要是因为把握了"速度快"的准则，在第一时间就进行响应。当然，传播途径也是一个非常关键的因素。该品牌利用微博来表明态度、传递相关信息，保证了危机公关的及时性与广泛性。

需要注意的是，如果公司暂时不能给出一个准确的答复，那就先表明立场，并告诉消费者公司正在进行详细调查。这样可以让消费者知道公司是有所行动的，能够稳住他们的情绪，等到事件调查清楚以后再公布真相。

2. 给出的结果要有理有据

在进行危机公关的时候，有理有据也是一个非常重要的原则。有理有据不是简单地讲道理，而是要拿出真正有力的证据让消费者信服。通常情况下，发生危机事件的原因可以分为两种：一种是遭到诬陷或恶意诽谤；另一种是公司的产品或服务的确存在问题。

无论哪种原因，公司都要做到以理服人。如果公司遭到诬陷或恶意诽谤，就把事实摆出来讲清楚；如果公司的产品或服务的确存在问题，就应该真诚道歉，并讲明之后的应对措施，赢回消费者的信任，重新树立良好的形象。

某公司生产的产品曾引起了消费者的恐慌，原因是其销售的香茅薏仁茶和鸡蛋圆松饼的包装上印有"东京都"（核辐射区）字样，因此被认为产自核污染区。针对这一事件，该公司及时发布了声明函，具体内容如下。

声明函

针对"食品产自核污染区"事件，本公司声明如下。

1. 引起此次误解是因为食品包装上注明了"东京都"字样，而该字样为本公司母公司的注册地址，并非所售食品的原产地。

2. 两款食品的原产地如下。

香茅薏仁茶原产地：日本福井县。

鸡蛋圆松饼原产地：日本大阪府。

3. 本公司销售的来自日本的食品，均严格遵守《关于进一步加强从日本进口食品农产品检验检疫监管的公告》及《关于调整日本输华食品农产品检验检疫措施的通知》的规定，未销售中国政府禁止的产自日本核污染区的食品。

附：

1.《对中国出口产品原产地证明书》——香茅薏仁茶

2.《对中国出口产品原产地证明书》——鸡蛋圆松饼

上述声明函表明了该公司食品的日文标识上所标示的是母公司的注册地址，并非食品的原产地。而且，除进行必要的说明外，该公司还展示了原产地证明书、入境货物检验检疫证明等一系列有力证据，进一步提升了消费者的信任度。

从危机公关的角度来看，该公司的确打了胜利的一仗，不仅让舆论迅速反转，还使消费者的情感值进一步回升。在这之中，有很多值得其他公司学习和借鉴的地方。

首先，该公司对事件原因进行了详细的解释和说明，并在有理有据的基础上，第一时间以官方身份给出真相，对不实消息予以反驳；其次，该公司做到了迅速澄清，指出包装上的地址并不是食品的原产地；最后，该公司展示了原产地证明书、入境货物检验检疫证明等证据，表明食品并非来自核污染区。

上述两家公司在面对危机事件时都做到了沉着冷静、谨慎认真。同时，这也在告诫其他公司，遭遇危机事件以后，必须第一时间进行自检自查，确认情况是否属实。如果情况不属实，就要准备好证据，为接下来的反驳打下坚实的基础。

第 13 章
Chapter 13

合同风险：看不懂合同，小心被"算计"

合同是商业行为中的契约，是商业行为发生的根据。合同对商业中的行为做了规定和约束，是行为双方需要共同遵守的准则。合同由双方共同签订，保护着一场商业行为里参与者的切身利益。因此，创业者需要加强对合同风险的防范意识，做到防患于未然。

13.1 合同是交易的前提

某初创的科技公司因业务需要计划和另一技术公司开展合作。在业务商谈阶段，该技术公司对合作的项目十分看好，计划投入自己的技术，而该科技公司也想加快推进进度、抢占市场。双方达成口头协议后，技术公司表示，该公司是其所属集团的下属分公司，在签订合同时需要获得总公司的授权。同时，技术公司又表示，其对这项合作十分看好，只是需要授权的程序完成才能签订具体的合同，为尽快开展合作，科技公司可以先进行合作前的准备工作。

基于对技术公司母公司的崇拜，以及对技术公司负责人口头承诺的信任，该科技公司在双方合作的项目上投入了不少资金和人力。然而半个月后，技术公司却向科技公司表示，双方的合作未得到总公司的审批，因此双方的合作就此作罢。该科技公司自然不同意，合作作罢意味着公司此前在项目中的付出全部付诸东流，但双方没有签订合同，科技公司也无法向对方追责，只得白白遭受损失。

在上述案例中，科技公司没有和对方签订合同就开始行动，最终遭受了损失。这种风险是公司需要规避的，公司在与他人进行合作或交易之前，一定要先签订合同。如果没有签订合同，对方可能借此漏洞逃避责任，自己也无法对其进行追责。如果签订了合同，当对方的行为违反合同规定时，公司就可以以合同为依据要求对方承担责任。

13.2 对方没资格签约，出问题找谁

公司在与任何对象签订合同时，都要先对签约主体进行资格审核。如果不对签约主体进行资格审核，可能出现有了问题却找不到责任人的情况。

2020年8月，上海某科技公司准备购买一批新的电脑设备，最后与上海某电器公司达成协议，双方约定购买的价格是18万元，并且双方还在口头上约定8月25日之前把货送到买方的办公地点。另外，双方还约定，买方需要先付给卖方8万元的定金，之后的10万元尾款在电脑送达并检查合格后3天内支付。

电器公司在8月24日将科技公司预订的一批电脑送到了目的地。可是，一个

第13章
合同风险：看不懂合同，小心被"算计"

星期之后，电器公司却迟迟没有收到科技公司应付的剩余款项。于是，电器公司的负责人与科技公司交涉。结果，得到的答复是，该公司只是上海的一个办事处，不具备签订合同的资格。之后，电器公司又找到该公司的总部。总部的答复是，与电器公司合作的办事处不具备法人资格，它做出的承诺和约定不代表公司的意志，没有法律效力。

最终，这家电器公司只能自认倒霉。由于没有签订书面的合同，也没有审核签约主体的资格，所以当买方不愿意主动支付剩余款项时，电器公司只能处于极度被动的状态，无法走法律程序，因为没有具有法律效力的证明材料。

以上案例表明，在进行商业合作之前，公司一定要签订合作合同，并且要对签约主体进行资格审核。例如，审查对方是否有签订合同的资格及授权证明（如公司的营业执照、机构代码证、商标证书、授权书等）。为了确保证件的真实性，还可以上网查验或电话咨询。

另外，运营中心、分公司、办事处、接待处、联络处等，这些都是没有签约资格的主体。如果公司遇到的签约主体属于以上任何一种情况，一定要查验其总公司的书面授权文件，否则不能与其签订合同。

从签约主体来看，合同可以由公司法定代表人指定的代理人签订，在约定的代理权限内，代理人可以代表法定代表人签订合同。但在实际操作过程中，代理人签订合同可能导致法律风险。首先，如果对方代理人没有获得授权就签订了合同，那么合同就会被认定为无效，这会使公司损失前期投入的人力、财力，给公司造成不必要的损失。其次，即使对方代理人获得了授权，但在代理人签订合同时超越了自己被授权的权限，那么合同也会面临不被对方认可而无效的风险。因此，公司除审查对方代理人授权的真实性外，还要关注其被授权的范围。

当签约主体为对方公司的法定代表人时，也存在法律风险。公司的法定代表人可以作为公司的代表签订合同,但如果公司章程中对公司的法定代表人的职责范围进行了限定,或者不允许公司的法定代表人对外签订合同,那么在这种情况下,即使公司的法定代表人签订了合同,合同的效力也会受到质疑,有不被对方认可的风险。因此,公司在签订合同之前,一定要查看对方公司的章程,了解对方公司的法定代表人是否能够对外签约。

为规避合同风险,公司在签订合同时应对签约主体进行资格审核。如果签约主体是代理人,公司应要求其提供授权书及个人身份证明,同时要审查其授权范围、代理期限等;如果签约主体是法定代表人,公司应要求其出示法定代表人身份证明书及对方公司的营业执照等。

13.3 对方无能力履约,只能吃"哑巴亏"

一般情况下,公司在与其他公司签订合同之前,首先要了解对方的经营状况和资信情况,确定对方有能力履行合同。而在实践中,很多初创公司因为经验不足,往往在未查验对方的营业执照,对该公司的性质、经营范围、法定代表人等基本信息不了解的情况下就签订了合同,在索要货款时才发现对方下落不明。

例如,某工厂与某公司签订了"联营协议书",约定双方合作研发新型产品。签订协议后,该工厂先向该公司支付了 15 万元技术使用费。但对方并未履行合同,等到工厂的负责人去对方公司沟通时,才发现已经人去楼空,最终该工厂的投资也无法收回。

上述案例表明,在签订合同之前,公司需要对对方进行调查,了解对方的资信情况,分析其履约能力,规避签约风险。

合同主体是对合同中规定的事项承担责任的对象,可以是一个人,也可以是

第13章
合同风险：看不懂合同，小心被"算计"

一个组织。从合同主体来看，如果合同主体不具备法定的资格，就会存在法律风险。一些技术性要求很强的行业，如建筑、医药行业等，会规定从业者必须具备相应的资质才能进行经营活动。如果和不具备相应资质的公司签订了合同，那么一旦发生纠纷，合同往往会被认定为无效，这会使自己遭受巨大的损失。

为规避合同风险，公司在签订合同时应对合同主体进行审查。如果对方当事人为自然人，则需要审查其是否具有完全民事行为能力、是否具有相关资质；如果对方当事人为公司法人或其他组织、机构，也要审查其营业执照，并审查分支机构总公司的相关情况。

同时，公司需要调查合同主体的履约能力，如果签订了合同，但对方没有履约能力，合同也会形同虚设，无法履行。因此，在签订合同前，公司要对对方的信用情况、信誉、历史履约情况进行了解。具体来说，公司需要了解以下情况。

（1）对方公司概况。了解公司的性质、产品的销售情况、公司的人员构成等，了解公司的管理能力。

（2）调查对方公司的法定地址和实际经营场所。法定地址能反映出对方的经济状况、人员状况、经营稳定性等。同时，一旦发生纠纷，法定地址也是送达法律文件的地址。

只有明确对方有履约能力，有必要的支付能力或生产能力，明确合同是可行的，公司才能够与其签订合同。

13.4 双方未约定权责，出现问题谁都不想管

合同的本质是一份具有法律效力的协议，它是对当事人之间设立、变更、终止民事关系的规定，以及对当事人之间的权利和义务的规定。没有人能预测到合

作双方在合作过程中会出现什么问题，会发生什么样的纠纷。如果合作双方没有在合同中约定各自的权利和义务，那么当工作出现问题时就无法确定具体的责任人，这会给合作双方带来很多麻烦。

李楠和宋枫是多年的同窗兼好友，而且两个人都有开一间餐厅的愿望。为此，两个人在大学期间就做了详细的调研和规划。毕业后，他们便拿着成熟的计划开始了第一次创业。

由于两个人是好友关系，彼此也都非常信任对方，所以在创业之初两个人并未签订任何合作协议或合同。而且，两个人在工作中的分工也没有一个明确的规定，谁愿意负责哪方面工作就负责哪方面工作。

餐厅刚开业时，生意比较冷清，而且两个人的创业热情正好处于高昂的状态，因此餐厅的管理工作进行得非常顺利。然而，随着时间的推移，餐厅逐渐有了知名度，此时餐厅的生意越来越火爆。这本该是一件值得高兴的好事，然而李楠和宋枫之间却开始出现矛盾。最终，两个人因为在餐厅管理工作的分配上没有达成一致意见而闹上了法庭。

这就是一起典型的因合作义务不明确而产生严重问题的案例。对合作双方来说，合同中必定会涉及利益问题，而这个问题又是最容易引发冲突的。不过，有冲突并不可怕，可怕的是没有有效的解决方案或依据。当人们面对利益冲突时，都会极力地维护自己的利益，这时如果没有能够约束彼此的依据，就很容易陷入僵局。

为了保证合作的顺利进行，也为了避免在日后合作中发生不可调和的冲突，创业者在制定合同时要先明确双方的义务。对经验不足的创业者来说，可以参考同行业内其他人的意见，或者咨询专业的法律顾问。

总而言之，关于双方需要履行的义务，在合同中呈现得越详细越好，这也是制定合同时需要注意的事项之一。

13.5 条款语意模糊，道理谁也辩不清

合同内容包括合同签约主体及双方约定的各项责任和义务。而后者通常以条款的形式呈现出来，将每种具体的情况列为一项条款。因此，合同条款的内容越详细越好。

有关合同主要条款与示范文本，《民法典》第四百七十条规定，"合同的内容由当事人约定，一般包括下列条款：

（一）当事人的姓名或者名称和住所；

（二）标的；

（三）数量；

（四）质量；

（五）价款或者报酬；

（六）履行期限、地点和方式；

（七）违约责任；

（八）解决争议的方法。

当事人可以参照各类合同的示范文本订立合同。"

公司可以根据合同所涉及的具体行业性质，有选择性地选用以上内容作为合同的主要条款。但是，不论合同条款的内容是什么，对其中的细节问题的描述都是越详细越好。

合同条款的内容越详细，遇到具体情况时就越容易找到对应的解决办法。所以，在合同中，只要是在合作过程中可能出现的问题，只要是双方能想到的问题，都可以以具体的条款形式展现出来，"防患于未然"好过"事后诸葛亮"。

例如，甲方需要乙方开发一套系统，并与乙方签订了合作协议。该协议规定，

乙方应尽早完成系统开发工作。乙方提前完成的时间越早，甲方为乙方支付的劳动报酬就越多。

显然，这就是一条非常模糊的合同条款。关于合同中的"尽早"没有一个明确的概念，也没有一个明确的时间界定。日后，即使乙方完成任务的速度非常快，但若乙方想凭借这份合同向甲方要求支付更多的劳动报酬，也几乎是不可能的事，因为并没有一个参照物让乙方来证明自己的完成速度很快。可能乙方最后会对此表示很不满，却无可奈何。

再如，某餐厅在七夕前向某葡萄酒公司订购了50箱葡萄酒，合同中写着"甲方向乙方购买某品牌葡萄酒50箱"。之后，该餐厅收到50箱葡萄酒，每箱6瓶，但在签订合同前，该餐厅一直认为订购的葡萄酒应该是每箱12瓶。该餐厅就此事与葡萄酒公司进行争论，但对方表示合同中只规定了公司提供多少箱葡萄酒，没有规定每箱应该是多少瓶，公司的所作所为并不违反合同，是餐厅方面的理解有问题。最终，该餐厅因货源短缺而错过了七夕这一销售良机。

合同是确定双方权利和义务的重要依据，因此公司在签订合同前，必须认真分析各项条款，将可能发生争议的地方解释清楚。只有这样，当合同履行发生争议时，公司才能够从细致的合同条款中找出对自己有利的依据。

13.6　担保人需要有什么资格

在签订合同时，如果对方公司提供了担保人，会让我们觉得多了一层保障。但事实上，并非所有的担保都是有效的。有些提供担保的公司本身已经负债累累，已经被吊销营业执照或面临破产，当签订合同的公司无法履行合同时，其担保公司也没有能力承担责任。

例如，某制药厂和某医药公司签订药品买卖合同，某医疗器械公司为医药公司做担保。之后，医药公司因经营不善陷入经营危机，无力履行合同，制药厂在找到医疗器械公司要求其承担责任时，才发现该公司已经被吊销营业执照，只是还未到市场监督管理部门注销登记，公司空有其名而没有任何财产。这时制药厂才发现自己上当受骗了。

还有一些公司认为，由行政机关提供担保更加可靠，但《民法典》第六百八十三条规定："机关法人不得为保证人，但是经国务院批准为使用外国政府或者国际经济组织贷款进行转贷的除外。以公益为目的的非营利法人、非法人组织不得为保证人。"根据以上规定，行政机关不具有对外担保资格，这样的担保也是不可靠的。

因此，如签订合同涉及担保人时，公司需要严格审查担保人的经营状况，确保其具有承担担保责任的能力。同时，公司也需要对担保人主体身份进行核实，确保其具有担保资格。

13.7 保密协议如何设置

合作的实质是双方之间优势互补及资源共享。很多公司都会有独特的运营模式和商业资源，这是公司维持发展、保持行业竞争力的秘密武器。在合作过程中，虽然彼此都拿出了自己的秘密武器，并且合作双方都可以加以利用，但是这并不意味着另一方对对方的秘密武器拥有支配权。也就是说，签订了合作合同后，双方对对方的秘密武器，即商业秘密，只有使用权，没有所有权，更没有支配权。因此，为了约束对方的行为，合作双方需要签署保密协议。

在如今这个竞争十分激烈的商业环境中，在合作合同中添加保密条款已经成为一种共识，也成为默认的达成合作关系的前提条件。尤其在高新技术领域，如果合作方拒绝签署保密协议，那么所有的合作事宜都免谈。

签署保密协议是一种基本的商业道德。从理性的角度来看，这也是符合法律法规的要求的。一般来说，保密协议会有明确的范围，包括设计、样品、模具、原型、技巧、诀窍、工艺、方法、技术、公式、算法、科学知识、性能要求、操作规格、测试结果、财务信息、价格和成本信息、商业计划、市场调研、市场分析、客户信息、配送信息等。

另外，保密协议中还会规定泄露保密信息的处理方式。至于具体的处理方式，视具体情况而定。如果泄露的信息不属于重大级别，不会给对方带来重大损失的，则酌情以金钱赔付的方式处理。对于情节严重的情况，则可以申请法律的援助。

由于大多数商业信息都有有效期，所以保密协议也有固定的保密期限。而这个保密期限也需要在保密协议中清晰地呈现出来。一般情况下，保密期限为5年。不过，公司也可以根据自己的行业性质来确定具体的保密期限。公司保密协议示例如表13-1所示。

表13-1 公司保密协议示例

公司保密协议
甲　　方：　　　　　　　　　　名称/姓名： 住　　所：　　　　　　　　　　法定代表人： 身份证号码：　　　　　　　　　电　　话： 乙　　方：　　　　　　　　　　名称/姓名： 住　　所：　　　　　　　　　　法定代表人： 身份证号码：　　　　　　　　　电　　话： 甲乙双方（以下简称"双方"）经过协商，基于平等、自愿的原则，根据《反不正当竞争法》等法律之规定，就双方之间的产品行销、广告服务、业务拓展等业务合作过程中的商业秘密保守事宜达成如下协议。 第一条　保密内容和范围 本协议所指商业秘密是指不为公众所知，能为甲方带来经济利益，经甲方要求采用保密措施的技术信息及经营信息。具体包括在合作期间，甲方向乙方提供的所有业务资料，包括但不限于客户资料、财务资料、生产情况、生产资料、产品成本、产品定价、员工资料、货源情报、市场地位资料、业绩评估、进料渠道、测试数据、产品配方、新业务推广计划、产销策略、制作工艺、技术资料、管理诀窍、产品开发进程、招投标的标底和标书内容及甲方未对外公布的技术与经营信息等资料。

第 13 章

合同风险：看不懂合同，小心被"算计"

续表

第二条 双方的权利和义务

2.1 乙方所需的各种业务资料由甲方提供。基于该资料形成的业务资料、无形资产、知识产权等一切相关权利属于甲方所有。

2.2 甲方不得将乙方为其设计的方案提供给其他公司。

2.3 甲方提供给乙方的资料，乙方必须指定专人保管，并保证除开展合作活动外的其他无关人员不得通过各种途径获得上述资料。

2.4 在合作期间，乙方不得和与甲方经营同类业务的公司合作，为其提供行销策划服务。

2.5 合作期满 5 年内，乙方不得利用甲方商业秘密资料，接受与甲方经营同类业务的公司的委托，为其提供同类策划或其他业务。

2.6 合作期满或合同解除后，乙方应归还甲方全部业务资料，不得保留复制品。

2.7 乙方应遵守本协议约定的保密义务，并教育员工遵守相同义务。因乙方员工行为造成的商业秘密泄露或不正当利用，乙方应承担连带赔偿责任。

2.8 甲方按照合同约定应当支付给乙方的合同价款在确定价款数额时已经考虑到乙方应当承担的保密义务，因此合同价款已经包含乙方履行本协议义务的对价，甲方无须为本协议向乙方另付价款，乙方不得据此索要额外价款。

第三条 协议生效及效力期限

本协议自双方盖章签字之日起生效，协议的效力及于本协议约定的保密期间。

第四条 违约责任

4.1 乙方及其员工违反保密协议规定，私自窃取、泄露或以其他形式侵犯甲方的商业秘密，甲方有权无条件解除业务合作协议，并要求乙方承担违约责任，缴付违约金人民币　　万元。

4.2 乙方若违反协议，非法窃取、泄露或以其他形式侵犯甲方的商业秘密，造成甲方经济损失，甲方有权要求乙方按照上述条款承担违约责任，并赔偿由此造成的经济损失。情节严重的，应承担相应的刑事责任。

第五条 不可抗力

5.1 发生不可抗力事件（如水灾、地震等）影响履行本协议义务时，双方应做到：

（1）采取适当措施减轻损失。

（2）及时通知对方。

（3）在事件期间，出具协议不能履行的证明。

5.2 发生不可抗力事件在　　　　（时间）内，协议延期履行。

5.3 发生不可抗力事件，持续时间超过　　　　，本协议即告终止。

第六条 争议解决

6.1 因本协议发生的争议，双方应协商解决，经协商不能达成一致意见的，按下列第　　种方式解决。

（1）依法向　　　　仲裁委员会申请仲裁。

（2）依法向　　　　人民法院提起诉讼。

6.2 违约方应承担守约方为主张权利支出的费用，包括诉讼/仲裁费用、律师费用、调查取证费用等。

197

续表

第七条 附则
7.1 本协议自双方签字或盖章之日起生效。
7.2 本协议一式两份，双方各执一份。
甲方（盖章）： 乙方（盖章）：
授权代表（签字）： 授权代表（签字）：
签订地点： 签订地点：
年　月　日 　　年　月　日

保密协议要明确双方身份、保密内容和范围、保密期限、违约责任及争议解决方式等。公司在制定保密协议时可参考以上表格内容，并根据具体业务和保密要求进行调整。

13.8　口头变更合同，对方不认怎么办

受合同实际履行情况和市场波动的影响，合作双方对原合同的合作范围、产品要求、数量、价格、合同期限等内容进行变更是十分常见的。一些公司在签订合同时会通过书面形式确定合同内容，但对合同内容进行变更时，却常常忘记以书面形式补充，仅以口头约定代替书面合同。在这种情况下，如果对方缺少诚信，在公司履行变更过的约定后不承认变更内容，那么公司在诉讼时会无据可依。

例如，甲工厂和乙工厂签订了购销合同，以每吨 3200 元的价格购买乙工厂的 100 吨货物，分期发货，货到付款。之后，因货物畅销，价格上升，乙工厂向甲工厂要求每吨加价 200 元。由于甲工厂急需货物，于是接受了这一价格变更，与乙工厂达成了口头约定。然而，在合同履行结束后，甲工厂仍按原合同约定的价格付款。乙工厂因此对甲工厂提起诉讼，但因为缺乏价格变更的证据，故法院未支持其诉讼主张。

总之，如果合作双方口头变更合同却没有以书面形式确认，那么当一方违背口头约定时，另一方无法提出有力的证据保障自己的权益。因此，在履行合同的过程中，如果存在合同变更的情况，公司就需要及时更新合同，在新合同生效后再依据新合同履行自己的职责。

13.9　未及时行使法定抗辩权，后面还可以提出异议吗

有关同时履行抗辩权，《民法典》第五百二十五条规定："当事人互负债务，没有先后履行顺序的，应当同时履行。一方在对方履行之前有权拒绝其履行请求。一方在对方履行债务不符合约定时，有权拒绝其相应的履行请求。"

有关先履行抗辩权，《民法典》第五百二十六条规定："当事人互负债务，有先后履行顺序，应当先履行债务一方未履行的，后履行一方有权拒绝其履行请求。先履行一方履行债务不符合约定的，后履行一方有权拒绝其相应的履行请求。"

有关不安抗辩权，《民法典》第五百二十七条规定，"应当先履行债务的当事人，有确切证据证明对方有下列情形之一的，可以中止履行：

（一）经营状况严重恶化；

（二）转移财产、抽逃资金，以逃避债务；

（三）丧失商业信誉；

（四）有丧失或者可能丧失履行债务能力的其他情形。

当事人没有确切证据中止履行的，应当承担违约责任。"

《民法典》赋予合同当事人三大法定抗辩权——同时履行抗辩权、先履行抗辩权和不安抗辩权，能够有效降低合同风险。如合同约定了履行顺序，公司作为先履行的一方，在有证据证明对方出现财务危机或濒临破产时，可行使不安抗辩权；

如公司作为后履行的一方，在对方没有履行合同或履行合同不符合约定时，可行使先履行抗辩权；如合同没有约定履行顺序，双方互负的债务都已经到了清偿期，那么公司在对方履行合同之前或对方履行合同不符合约定时，可行使同时履行抗辩权。

有的公司在签订合同后并不关注对方的经营状况和实际履约情况，自己履行了合同，对方却因亏损、破产而无法履行合同，使公司遭受了不必要的损失。

例如，某零件厂和某建材厂签订购销合同，定期向建材厂发货，货到付款。后建材厂陷入经营危机，接连几次延迟付款。零件厂在了解了这种情况的背景下，依旧向其发货，最终建材厂无力支付货款，导致零件厂遭受损失。如果零件厂在知道建材厂陷入经营危机时，及时行使不安抗辩权，就可以有效避免损失。

因此，公司需要对法定抗辩权引起重视。在履行合同的过程中，在适当的时候行使法定抗辩权能够帮公司规避合同风险，降低公司的损失。

13.10 公司的印章在不知情的状况下被他人使用，是否有效

公司的印章在一定程度上是公司人格的象征，代表着公司的授意。公司在与外界签订合同时，只有加盖了印章，才能证明这份合同是由公司亲自签订的，合同才能具有法律效力。那么，如果公司的印章丢失或被他人盗窃，在公司不知情的情况下被他人使用，加盖了印章的合同是否有效呢？

金泰公司与虹艳公司曾约定，金泰公司将其持有的椰岛公司100万股法人股转让给虹艳公司，虹艳公司需要将定金和余款支付给金泰公司指定的收款人关某。两家公司签订了一份"转让协议书"和一份"转让补充协议书"，协议书上加盖了双方公司的印章及金泰公司原法定代表人姚某的私章。后来，虹艳公司按照约定

第13章
合同风险：看不懂合同，小心被"算计"

结清了转让费，金泰公司却一直未将股权转让过户，虹艳公司因此向法院提起诉讼，要求法院认定转让协议有效，并判决金泰公司按照约定转让股权。

法院在审理的过程中发现，在"转让协议书"和"转让补充协议书"上所加盖的金泰公司的印章是金泰公司在开业时刻制的，但早已丢失，金泰公司启用了新的印章，却未对外声明和公告作废。姚某并非金泰公司现法定代表人，关某也并非金泰公司的员工，在合同上加盖的金泰公司的印章无法代表金泰公司法定代表人的意愿。因此，法院判决股权转让协议对金泰公司不发生效力，驳回虹艳公司的诉讼请求。

《最高人民法院关于在审理经济纠纷案件中涉及经济犯罪嫌疑若干问题的规定》第五条规定："行为人盗窃、盗用单位的公章、业务介绍信、盖有公章的空白合同书，或者私刻单位的公章签订经济合同，骗取财物归个人占有、使用、处分或者进行其他犯罪活动构成犯罪的，单位对行为人该犯罪行为所造成的经济损失不承担民事责任。行为人私刻单位公章或者擅自使用单位公章、业务介绍信、盖有公章的空白合同书以签订经济合同的方法进行的犯罪行为，单位有明显过错，且该过错行为与被害人的经济损失之间具有因果关系的，单位对该犯罪行为所造成的经济损失，依法应当承担赔偿责任。"

由此可见，公司的印章在公司不知情的情况下被人盗用，那么盖有印章的相关文件是不具有法律效力的。

尽管如此，公司的印章丢失或被盗，仍旧会给公司带来一些麻烦。公司的印章一旦丢失，就需要在省、市级报纸上刊登遗失声明，并且携带法人代表身份证原件及复印件、营业执照正副本原件及复印件、法定代表人拟写并签名的丢失公章说明材料、已生效的登报声明文件等材料到公安局进行备案，并刻制和启用新的印章。因此，公司在日常经营中，一定要注意保存好印章，不能将其随意交给其他人使用。

13.11 授权过期，被授权人签的合同还有效吗

在经营的过程中，公司往往会授权一些员工代表公司对外签订合同，但对于授权的范围和期限并没有明确的规定。在这种情况下，如果员工离职，并且其手中仍有公司的授权凭证，如加盖公司印章的空白合同书、介绍信等，那么这些员工可能冒用公司的名义与他人签订合同。由于公司没有及时收回授权凭证，因此需要对该合同负责。

例如，某服装公司长期授权员工张某向某布料厂订购布料，后张某因违反公司规定被辞退，但服装公司并未及时收回张某手中的授权凭证，也未将此事告知布料厂。之后，张某以服装公司的名义订购了20匹布料，布料厂按照其要求将布料送至指定地点。随后，张某下落不明，布料厂将服装公司诉至法院，法院最终判决服装公司负责偿还该货款。

授权凭证未及时收回，被授权人滥用权利会形成有效合同，也会为公司带来损失。因此，在进行授权时，公司需要明确被授权人主体、授权范围、授权期限等，以此规范被授权人的行为。在授权结束后，公司需要及时收回授权凭证，避免被授权人滥用权利。

第 5 篇

外部环境风险

第 14 章
Chapter 14

融资风险：资本和企业合作才能生财

当公司发展到一定阶段需要大量的资金时，不少创始人（创业者）会选择通过融资获得资金。融资固然是一个方便有效的方式，但其中也有许多不得不规避的风险。融资的金额、投资人的举动、对赌协议等，都会对公司的顺利发展造成影响。要想顺利地通过融资获得资金，创始人就必须谨慎对待融资中可能存在的问题。

14.1 融资过多，可能"害死"创始人

对一些公司而言，融资难是其经营的一大难点，许多公司都曾遭遇过贷款难题或融资难题。相对地，过度融资的风险也不容忽视。在现实中，许多创业型公

司或小公司不是因为资金缺乏而饿死的,而是因为一时无法有效管理融资而撑死的。

过度融资表现在两个方面:一是融资超过公司实际承受能力,二是融资超过公司实际需求。例如,许多公司都在不同的银行进行债权融资,同时也会寻找创投机构等进行股权融资,甚至除在本地进行融资外,还会利用公司的业务或市场布局在异地进行融资,这就导致可能存在多方融资的最终融资额度远远超过其实际资金需求的情况。

过度融资可能引发公司的经营风险,包括增加了不必要的融资成本的财务风险、面临超预期的可支配资金的管理失控风险等。在融资金额符合公司发展需求的情况下,公司做任何决策都比较慎重,资金的使用率也比较高。而如果公司过度融资,在过多可支配资金的刺激下,公司可能无度扩张或进行高风险的投资,这些都会加大公司的经营风险。

例如,某贸易公司经营势头良好,在本地及异地的八家银行都进行了贷款融资,导致公司"消化不良"。为消化这些资金,该贸易公司在多地成立了分公司,业务规模也进一步扩大。但在随后的经营过程中,公司规模在短时间内急剧扩张引发了公司的经营危机,使公司遭受了巨大的损失。

在过度融资的情况下,创始人反而会做出不合理的经营决策,同时过度支付了更多的贷款利息。因此,在融资之前,公司需要分析自己的融资需求及资金承受能力,做出科学的决策。

14.2 投资人短线投资,扰乱公司发展规划

短线投资是指在几天内,甚至在当天内买进卖出,以获取差价收益的投资行

为。这种行为从本质上说属于投机行为。

处于创业初期的公司在选择投资人时，一定不要选择短线投资人，因为他在投资以后，没过多长时间就会把钱拿走，这样对公司的发展很不利。比如，你正在进行一个项目，急需资金，此时你用了短线投资人的钱，他却在项目进行的关键时刻把钱拿走了，这时你就会变得很被动。因为如果你在短时间内筹集不到这么多钱，很可能就会导致项目失败，让公司损失惨重，甚至还有可能面临破产。所以，一定要避免短线投资人参与，以免白忙活一场。

那么，怎么知道投资人是短线投资人还是长线投资人呢？可以查询一下投资人的投资记录。查询方式很简单，可以去当地的市场监督管理局查询，也可以在网上查询投资人的网络投资理财记录。

从投资人的投资记录中，可以看出他是不是短线投资人。如果该投资人的投资记录属于短线投资，就可以确定该投资人是短线投资人。这样的投资人，千万不要让他进来。如果某投资人既有短线投资记录，也有长线投资记录，这时就要视公司情况而定。如果某投资人一直做长线投资，那这样的投资人最为保险，可以多让这样的投资人加入。

14.3　投资人只想"圈"住项目，令公司错失融资时机

对一家公司来说，资金是维持公司生命的基础。有时候错过一次重要的融资，公司就有可能面临资金链断裂的风险，陷入极其危险的境地。

错失融资时机，有时是因为投资人举棋不定，对公司项目并没有很强烈的投资意愿，却不会把话说清楚，只会通过各种暗示类语言表达内心的想法。如果创始人没有察觉出投资人的真实意图，没有积极寻找新的融资途径，做好两手准备，

第 14 章
融资风险：资本和企业合作才能生财

一旦投资人最终没有投资，公司就很有可能错失融资时机。

张先生经营的公司需要融资，于是和某家投资机构洽谈了融资的事情。在开始融资之前，张先生和该投资机构的交谈很顺利，对方也表现出了强烈的投资意向。然而，等到需要融资的时候，对方却一拖再拖，最后以最近投资进度放缓为由放弃了投资。最终，张先生不仅没能得到这笔融资，还浪费了大量的时间，错过了融资时机。

这其实就是投资人只想"圈"住项目，并没有真实的投资意向，或者说该项目并不是投资人的第一选择，而只是作为一个备选项目，一旦遇到更好的项目，投资人自然就会放弃备选项目去投资另一个。在这种情况下，如果创始人没有察觉出投资人的真实意图，没有做好两手准备，就很容易错失融资时机。

当投资人以投资进度放缓等为由拖延投资时间时，创始人就需要从侧面揣测投资人的真实想法，验证自己的项目是不是被当作了备选项目。比如，创始人可以查看这家机构的官网、公众号、新闻报道等信息，如果发现对方并没有放缓节奏的迹象，那么对方很有可能是在婉拒投资。这个时候，创始人就需要在精进自己业务的同时，做好备选方案，在不违背协议的情况下多和其他有能力的投资机构接触与沟通，不能把全部希望寄托在一家投资机构上。

除此之外，如果投资人表示"等公司数据跑一段时间再聊投资"，这很有可能是觉得公司的数据与估值不符。此时，创始人就需要重新调整经营目标和盈利预测，修正估值以提高融资效率。如果对方表示"需要再比较一下"，那么对方很有可能更看好其他竞品，创始人就需要尽量提高自己公司的核心竞争力来吸引投资。

14.4 投资人恶意稀释创始人股权，令创始人失去控制权

刘畅和朋友王伟、秦力合伙开了一家培训学校。刘畅认为这是自己梦想起航的地方，因此为此努力拼搏。出于信任，他把公司的财务及管理工作交到王伟手上。没想到，公司经营半年后，刘畅却被两名合伙人踢出了局。

刘畅是公司的法定代表人和最大的股东，占股40%，剩余两人各占股30%。由于负责公司的对外拓展业务，常常出门在外，刘畅便把公司的银行账户、营业执照、公章，以及公司的运营都交给他信任的朋友王伟管理。半年之后，刘畅在核对公司账目时，才发现出了大问题。原来，学生把费用都交到了王伟的个人账户上，而非公司的对公账户上。

更让刘畅没有想到的是，在公司会议上，当他质问王伟时，对方却表示自己购买了秦力21%的股权，现在自己持股51%，是公司最大的股东。听到这一消息，刘畅大为震惊，但事情已成定局，刘畅已经失去了对公司的控制权。

在合伙创业的过程中，股权变更、股权稀释等都可能导致创始人失去对公司的控制权。为规避这种风险，创始人要在公司发展前期做好制度上的设计与安排。

那么，创始人如何在创业前期设计自己对公司的控制权呢？解决这个问题最直接的方法是保证创始人持有公司50%以上的股权，这样创始人就拥有了股东会上过半数的表决权。但是，随着公司的发展，创始人的股权会在对员工进行股权激励或融资的过程中被稀释，其持有的股权就会被稀释到50%以下。为避免这种情况，创始人需要做好以下几个方面的工作。

1. 提前通过公司章程进行议事规则的约定，或者设置"合伙人制度"

为了稳固创始人对公司的控制权，在公司章程中应直接明文规定：董事会一定数量的董事（一般过半数）由创始团队或核心创始人委派。

例如，阿里巴巴的"合伙人制度"，即由公司的创始团队及现有的核心高管组成合伙人会议，由合伙人会议提名公司多数董事，而不是按照各股东持有的股份比例分配董事提名权。这样，即使创始团队或核心创始人拥有再少的股权，仍能控制董事会，从而拥有公司的运营决策权。

2. 签订归集其他小股东股权上的表决权的协议

归集其他小股东股权上的表决权就是公司的核心创始人将其他小股东的表决权拿过来，由核心创始人统一表决，这样可以增加核心创始人在股东会上实际控制的表决权的数量。归集的具体方式主要包括以下两种。

（1）一致行动协议约定或有效表决权委托，即小股东签署授权委托书，将其所持股权的表决权排他性地授予核心创始人行使。这种归集方式操作起来比较简单，但是不够可靠。

（2）小股东通过一家持股实体（有限责任公司或有限合伙企业）间接持有公司的股权，核心创始人通过成为该持股实体的法定代表人、唯一的董事、唯一的普通合伙人或执行事务合伙人的方式，实际控制并行使持股实体所持有的公司股权的表决权。这种归集方式虽然复杂，但更为稳定可靠。

3. 签订多倍表决权的协议

多倍表决权是通过增加创始人所持股权的表决权数量来加大其在股东会表决时的权重，亦称 AB 股结构，同股不同权。目前，以国内科创板为代表的资本市场，包括香港资本市场均已经逐步开始接受这个股权结构。

多倍表决权的具体操作方式为：其他股东所持股权仍为"一股一票"，但创始人所持股权为"一股数票"（如一股十票）。

4. 签订加大创始人否决权的协议

创始人否决权是增强创始人对股东控制力的一种防御性的策略，这种策略能很好地弥补上述方式的漏洞。签订了加大创始人否决权的协议之后，如果公司发生重大事件，必须得到创始人的同意或赞成，表决方可通过并实施。重大事件包括：解散；清算；分立；合并；出售控制权或大部分资产；主营业务变更；重大对外并购；公司预算决算；变更董事会组成规则或人员；聘请与更换审计师；上市；重大人事任免；股权激励等。

14.5　投资人擅自转让股权，使其他股东权益难保

什么是优先购买权？有限责任公司的股东向股东以外的人转让股权时，其他股东享有以同等条件优先购买该转让股权的权利。如果公司股东未经其他股东同意向股东以外的人转让股权，就会侵害其他股东的优先购买权。

2020年7月，某公司创始人廖某在没有告知公司另一股东汪某的情况下，将其持有的公司70%的股权转让给陈某，使汪某的优先购买权遭受了极大的损害。2020年12月，汪某就此事向法院提出诉讼请求：请求撤销廖某和陈某签订的"公司股权转让协议"。

在法庭上，廖某称将公司70%的股份转让给陈某不是自己的真实意愿，是被陈某威胁、强迫所致，股权转让属实，自己也支持汪某的诉讼请求。

《公司法》第七十一条规定："有限责任公司的股东之间可以相互转让其全部或者部分股权。

股东向股东以外的人转让股权，应当经其他股东过半数同意。股东应就其股权转让事项书面通知其他股东征求同意，其他股东自接到书面通知之日起满三十日未答复的，视为同意转让。其他股东半数以上不同意转让的，不同意的股东应当购买该转让的股权；不购买的，视为同意转让。

经股东同意转让的股权，在同等条件下，其他股东有优先购买权。两个以上股东主张行使优先购买权的，协商确定各自的购买比例；协商不成的，按照转让时各自的出资比例行使优先购买权。

公司章程对股权转让另有规定的，从其规定。"

由以上法律条文可知，股东向股东以外的人转让股权时须经其他股东过半数同意，同时其他股东在同等条件下对该转让股权具有优先购买权。在以上案例中，廖某向股东以外的陈某转让股权应经过汪某的同意，廖某与陈某之间的"公司股权转让协议"违反了上述《公司法》第七十一条的规定，损害了汪某的权益。因此，对于原告请求撤销廖某和陈某签订的"公司股权转让协议"的诉讼理由成立，法院支持了其主张。

公司股东在进行股权转让时，应考虑到其他股东的优先购买权，就股权转让事项以书面形式征得其他股东的意见，并根据其他股东的反馈结果决定将股权转让给其他股东或股东之外的人。

14.6 对赌协议风险太大，创始人可能"流血上市"

"对赌"是投资并购双方常用的保障投资安全的手段。对赌协议又称估值调整协议，是投资并购双方在达成投资并购协议时，为应对双方对公司未来发展的不确定性而设计的包含股权回购、金钱补偿等对未来公司的估值进行调整的协议。

当投资并购双方对公司现有估值争论不休时，可利用对赌协议，将暂时无法谈妥的争议点搁置，共同设定公司的业绩目标，在约定的未来节点，根据公司业绩目标的完成情况调整公司估值和双方权益。

如果投资并购方发给创始人的投资并购合同中包含对赌协议，那么创始人就要小心了，因为它被业内人士称为"魔鬼协议"。对赌协议意味着，一旦公司经营不善，创始人就面临破产或失去控制权的风险，后果非常严重。

对赌协议中对公司的规定通常分为六个部分，即财务业绩、非财务业绩、赎回补偿、公司行为、股票发行、管理层去向。其中，财务业绩是对赌标的中最常见的形式。对赌协议通常会根据上述六个部分，对达到目标和未达到目标两种情况分别进行规定及解释。以其中的财务业绩为例，在达到目标时，一般会做出如下规定。

如果完成一定的销售额、总利润或税前利润、净利润或利润率、资产净值或几年内的复合增长率等财务性指标，则投资人按照事先约定的价格进行第二轮注资或出让一部分股权给原公司股东。

在未达到目标时，对赌协议也会有相应的规定，具体如下。

如收入未达到目标，则原公司股东应当向投资人进行现金补偿，补偿的方式根据公式进行计算：应补偿现金=（1-年度实际经营指标/年度保证经营指标）×投资人的实际投资金额-投资人持有股权期间已获得的现金分红和现金补偿。

从上面的示例条款来看，对赌协议签订后，公司必须达成规定的目标，否则就会失去相应的利益。这对公司的长期发展来说，存在着很大的风险，而且很有可能出现创始人由于股权逐渐减少，被"扫地出门"的情况。

为了避免遭受不必要的损失，创始人必须了解对赌协议的四大风险。

第一，业绩目标不切实际。

创始人经常混淆"战略层面"和"执行层面"的问题。如果对赌协议中约定的业绩目标不切实际，当投资人注入资金后，常常会将公司引向不成熟的商业贷和错误的发展战略。最终，公司将会陷入经营困境，创始人必定对赌失败。

第二，急于融资，忽视了内外部的不可控风险。

第 14 章
融资风险：资本和企业合作才能生财

如果创始人急于获得高估值融资，而且对于公司的未来发展过于自信，常常会忽略了内部和外部经济环境的不可控风险，认为自己与投资人的要求差距小甚至无差距，做出错误的约定。

第三，忽略了控制权的独立性。

忽略控制权的独立性是大多数创始人都会犯下的错误。创始人与投资人本应互相尊重，但是不排除投资人因为某些原因向目标公司安排高管，插手公司的日常经营和管理。在这种情况下，公司的业绩是好是坏都会受到投资人的左右，所以在签订对赌协议后，怎样保持控制权的独立性还需要创始人做好准备。

第四，对赌失败失去控制权的风险。

条件宽松的对赌协议还好说，如果遇到对业绩要求极为严苛的对赌协议，创始人就有可能因为业绩发展低于预期而失去控制权。

认识到对赌协议的风险以后，就可以理解为什么对赌协议是需要坚决避免的"魔鬼条款"了。那么，创始人应该如何规避对赌协议及其风险？

创始人需要谨记：致命对赌要不得。具体而言，创始人需要考虑以下三个方面。

1. 投资人的背景

很多创始人认为只要投资人能够给项目投资就行，其他的不重要。但往往就是因为创始人没有事前调查清楚投资人的背景，以至于在实施项目的过程中会有一系列问题显现，如投资人的资金不到位、投资人过多地干预项目管理等。

2. 投资人的价值

创始人在与投资人签署协议之前，要明确项目需要什么样的价值及投资人是否能够为项目带来相应的价值。刚起步的创始人不仅需要志同道合的人才，还需要一些行业专家对市场进行分析并提供建议。

3．投资人的预期

在接受投资人的投资之前，创始人首先要知道投资人的预期回报。一些拥有超高预期的投资人加入项目后，若遇到利益冲突，他们就会为了自己的利益做一些对项目不利的事情。

14.7　失去品牌优势，5.3 亿美元融资也难以救活凡客诚品

雷军和陈年曾合伙创办了卓越网，后卓越网成功被亚马逊收购，给雷军和陈年提供了继续创业的资本。然而，当年合伙创业的两个人，如今却处在截然不同的创业境地。雷军创办的小米公司如今已经成为世界 500 强，雷军也成了有名的企业家；而陈年则和他创办的凡客诚品一起，逐渐在市场上销声匿迹。

凡客诚品并不是一开始就走向衰败的。在成立的第三年，凡客诚品就创造了 20 亿元的销售额、3000 万件的年销量。在当时，凡客诚品甚至一度超越了其他 B2C 电商，成为仅次于京东、亚马逊和当当网的第四大电商平台。陈年对凡客诚品的期待很高，在当年的发布会上，陈年表示凡客诚品在下一年将实现 100 亿元的销售额，并且将收购各大知名奢侈品品牌。在所有人看来，凡客诚品的未来是一片光明的。

雷军作为陈年的好友，在陈年创办凡客诚品的时候就进行了投资，后来更是接受了陈年的邀请，加入凡客诚品，成为凡客诚品的董事，帮助凡客诚品完成了多轮融资。

然而，好景不长，凡客诚品很快被爆出商品质量存在问题。商品质量问题对一家电商平台来说是足以致命的，大众对凡客诚品的印象大打折扣，凡客诚品的

销量也受到了严重影响。而当时凡客诚品正处于市场扩张期，商品生产量巨大。生产的商品多，买的人少，这就导致大量的库存积压。在库存积压最严重的时候，凡客诚品的库存商品金额一度高达 20 亿元，直接影响到了公司的资金链。凡客诚品不得不转移办公地点，并进行了大量的裁员。

尽管形势并不明朗，但雷军还是帮助凡客诚品完成了多轮融资，甚至自己也提供了 1 亿元的投资。然而，高达 5.3 亿美元的融资也没能使凡客诚品重新回到正常的轨道上。随着市场竞争日渐激烈，大量的电商平台兴起，凡客诚品早已失去了自己的优势与核心竞争力，最终只能遗憾退场。雷军也卸任了凡客诚品董事一职，离开了凡客诚品。

凡客诚品的失败给广大创业者留下了一个深刻的教训：一家公司决不能忽视商品质量的重要性。同时，也给众多投资人提了个醒：投资是有风险的。即使是曾被众多投资人所看好的凡客诚品，即使是成功的企业家雷军，也会有失败的风险。

14.8　盲目缴纳服务费，百万元资金打水漂

融资是正常的商业行为，一家公司想要获得更多的资金支持，拓展自身的业务，就会选择进行融资。有的不法分子就盯上了融资这个环节，利用融资中的各种漏洞设下陷阱。如果融资中的公司没有识破这些陷阱，很有可能遭受巨大的损失。

慈溪一位张先生创办了一家公司。2015 年年底，张先生的公司陷入资金紧张局面，急需一笔资金周转，于是张先生想到了融资。经人介绍，张先生选择了福建的一家投资公司。经过实地走访和考察，张先生认为对方资金实力雄厚，可以信得过，于是与这家公司进行了签约。

根据协议，张先生想让这家公司提供融资服务，则需要先缴纳所谓的"融资服务费"。出于信任，张先生按照约定向该公司支付了一笔服务费，对方也拿着支票前往张先生指定的银行办理贷款。然而，因为种种原因，第一次贷款并没有成功。

由于急需这笔资金用来周转，张先生没有起疑，反而按照对方的要求先后三次支付了高达 100 万元的融资服务费。然而，由于"不满足贷款条件""授信已过期"等原因，张先生的几次融资都失败了。这时，张先生才察觉到事情不正常，向对方讨要服务费，而对方却以张先生自己违约导致无法融资为由，拒不归还服务费。

后来，张先生了解到，除了他自己，金华、上海、武汉等地的其他公司也有类似的遭遇，因为求资心切而落入了对方的陷阱，最终白白损失了 100 万元。无奈之下，张先生只好选择报警。

经过追查，警方发现，不法分子抓住了创业者急需周转资金的心理，通过混淆概念、颠倒贷款流程等多种方式设置格式合同及陷阱，使被害人被迫承担违约责任，以此达到非法占有他人财产的目的。

张先生及其他公司的经历提醒了广大创业者，即使在资金紧张的情况下，也要选择正规的投资机构，按照合理的程序进行融资。在签约前，一定要注意筛查合同有没有问题，避免落入不法分子设下的陷阱，最终不仅融资失败，还会遭受损失。

第 15 章　整合风险：抱团取暖是最好的翻身途径

资源整合可以使有限的资源产生最大的效益，实现多家公司的互利共赢，因此是创业者经常采用的一种合作方式。但实际上，资源整合中也有许多需要注意的问题，一旦这些问题处理得不理想，很有可能给公司带来巨大的损失。

15.1　即使追求小富即安也不能原地踏步

很多创业者在创业时总是抱着一种小富即安的心态。按照传统观点，收益越多风险越大。小富即安的创业目标虽然收益没有那么多，但是创业者所需要承担的风险也相对较小，很多性格比较谨慎的创业者往往会把"小富"当作目标。

追求小富即安本身无可厚非，但是很多时候人们做到的不是小富即安，而是原地踏步。对一家公司来说，长时间原地踏步是足以致命的行为。

众所周知，现在的市场竞争十分激烈，一个行业中只要有一个品牌成功创造了知名度，这个行业马上就会被当作风口行业被人们所追逐。这个时候不管是一直从事本行业的公司还是新加入的公司，一旦开始原地踏步，很快就有更好的产品取代它们，这些原地踏步的公司只能被市场淘汰。

作为快递行业曾经的龙头企业的天天快递，在近几年的发展中逐渐走向衰落。天天快递创立于1994年，发展历史较为长久。2003年，其年快件达到440万件，远超同期市场中的其他快递公司。

然而，随着顺丰、京东快递业务的崛起，市场竞争日益激烈。在其他快递公司凭借电商机遇不断发展时，天天快递没能搭上电商发展的顺风车，被挤出了一线队伍。此后，天天快递的市场空间不断被挤压，发展也开始陷入恶性循环：难以应对日益激烈的价格战，多次易主也没有走出困境。2021年2月，天天快递宣布"退网"，未来将以同城速递为主要业务。

之所以会出现这种局面，就是因为天天快递没有及时调整自己的销售策略，在电商蓬勃发展的今天没有抓住时代的机遇。对比凭借电商业务快速发展的顺丰、京东，原地踏步的天天快递很容易被市场淘汰。

大公司尚且如此，何况是刚起步的初创公司。开公司最忌讳原地踏步，因为在激烈的市场竞争中，原地踏步就意味着被淘汰。

15.2　整合"假"资源，公司生存更艰难

公司要进行资源整合，并非任何资源都可以拿来用。如果不小心整合到"假"资源，可能会适得其反，使公司的生存更加艰难。在进行资源整合之前，一定要

第15章
整合风险：抱团取暖是最好的翻身途径

对资源进行辨别和筛选，选出那些能够为自己所用的"真"资源进行整合，远离"假"资源。

那么，什么是真假资源呢？如何分辨真假资源呢？

所谓真资源，就是真实有效的、能够为公司的发展带来帮助的资源。而假资源则是那些看起来好像有用，但实际上难以调动，或者需要额外花费精力调动的、只会给公司发展增加负担的资源。

例如，市面上众多的加盟连锁蛋糕品牌就是资源。然而，在这些品牌里，既有广受好评的行业翘楚，也有一些主营业务根本不是卖蛋糕的"假品牌"和"皮包公司"。这些假品牌有的甚至连直营店都没有，就打着加盟连锁的旗号吸引别人加入，这就是假资源。对没有从事过烘焙行业的人来说，这些真假品牌可能并不好区分，因为并非所有的蛋糕店都足够有名。一旦分辨不清，与这种假资源进行了整合，不仅不会得到需要的资源，还会让自己付出的资源白白浪费。

要有效分辨真假资源，一方面要依靠自己的经验，另一方面要对对象资源进行充分的调查。还是以加盟连锁蛋糕店为例，如果是本身就从事烘焙行业的人，他们可以依据自己的经验对一家蛋糕店的资源进行判断，辨别它是真资源还是假资源、能不能为自己所有效利用。而如果是没有接触过烘焙行业的人，就需要对这部分资源进行全面的调查和详细的了解，只有这样才能在资源整合时不出错。

真资源有以下几个特征。

首先，真资源是真实存在的。也就是说，当创业者想与其他人或公司进行资源整合时，必须确认对方所提供的资源是真实存在的，而不是为了骗取其他人的资源而随意编造的。

其次，真资源必须是自己所需要的。假如对方的资源是真实存在的，但是对自己的公司来说，这部分资源没有用处，那么这部分资源也不是真资源。因为即使创业者将资源进行了整合，这部分资源依旧是无效资源，整合无效资源只会造成资源浪费。

最后，真资源必须是能够为自己所用的。即创业者可以按照自己的意愿调用这部分资源，而不需要额外花费大量的精力、物力、财力去调用它。公司进行资源整合的原因之一就是为了节约成本，让有限的资源产生最大化的效益。如果资源整合完毕之后还需要额外花费其他资源去调用它，那么这个资源整合就失去了它的意义。

15.3　整合目标不明确，公司白忙一场

资源整合是用资源置换的方式，将自己的资源和其他人或公司的资源进行有机结合，并从中选择出自己所需要的那部分加以使用的方式。通过这种方式，公司可实现有限资源的效益最大化。如果在资源整合的时候创业者并不清楚自己需要哪些资源，没有一个明确的整合目标，就无法准确地找到置换资源的对象，最终整合的资源也许并不能为自己所用。因此，在资源整合之前，创业者一定要有一个明确的整合目标，再根据这个目标明确资源整合的对象和方式，否则很有可能白忙一场。

明确的整合目标是指创业者要清晰地知道自己需要什么资源，同时要了解自己拥有哪些资源并且可以进行置换。在公司的经营过程中，公司的经营者往往会制定一些发展目标。为了实现这个目标，公司势必需要做出一些努力。在尝试努力提升的过程中，始终无法获得但为了实现目标又不可或缺的那部分资源就是公司所缺少的资源，而自己所拥有的、可以交付给他人使用但不会给自己造成负面影响的资源就是可以用来置换的资源。

第 15 章
整合风险：抱团取暖是最好的翻身途径

确定了整合目标之后，接下来就要明确资源整合的对象和方式。确定了自己所需要的资源之后，拥有这部分资源的人或公司就是资源整合的对象。资源整合的方式有很多种，公司外部的资源整合可以通过跨界、联盟等形式实现。创业者需要做的就是根据实际情况，选择最合适的整合方式并制订出详细的计划。

资源整合的目标、对象和方式要在资源整合之前就想清楚，只有这样才能在整合过程中做出更合理的决策，避免花大力气做无用功。

15.4 只想获利不想付出，没人愿意参与整合

资源整合不是说我们从别人那里拿来资源直接就用这么简单，它是一个互补的过程，即资源整合一定要追求大家共同获利，不能只想着获利，也要有相应的付出。不愿意帮助别人的人，他也一定不会得到别人的帮助。

那么，如何实现互相成就、共同获利呢？可以参考以下三种方法。

1. 让自己有价值

如果一个人待人冷漠、高高在上，既不愿信息共享，也不愿情感沟通，还不愿互相帮助，但每次他遇到困难就去找你，你愿意和这个人交往吗？很多人都是不愿意的。资源整合也是同样的道理，你不愿意与别人共享，那么相应地，别人也不愿意与你共享。

在你想要获得别人的资源时，你唯一的优势就是自己手中的资源，先把自己的资源与别人共享，然后别人的优势才能为你所用。

你的+我的=大家的。不管别人的资源有什么价值，你先弄清楚自己的资源有什么价值。让自己有价值才是王道，才能吸引别人。

2．联合研发新产品

现在的产品技术呈现出分散化的特点，没有任何一家公司能一直拥有生产某种产品的最新技术。为此，大多数公司都会借助外部资源来实现内部资源的增长。研发新产品的过程非常复杂，从产生创意到产品问世需要花费公司大量的时间及资金，但又因市场环境千变万化，致使新产品研发上市的成功率很低。

所以，很多公司会选择联合研发新产品，这样做有两个好处：一是公司可以利用共同的资源进行技术交流，共同攻克技术难题，减少人力资源闲置，分散高风险；二是公司可以利用新技术改造各自的现有产品，不断更新产品或创新卖点，从而提高市场竞争力。

3．联合营销

在资源共享的基础上，两个或两个以上的公司向彼此开放营销资源，共同营销，通过优势互补，各取所需、各得其所。联合营销的本质是借助外部资源实现公司本身营销效益的最大化。联合营销可以缓解公司自身的销售压力，使联合体内各公司都能以最小的成本取得最大的营销效果。

最常见的联合营销手段是跨行业联合营销，因为不同行业之间不仅不存在直接竞争关系，而且还能实现优势互补。

在举办德国世界杯之前，"久久丫"已经是一家在全国拥有600多家连锁店的熟食公司，但在广州等南方地区，它一直无法打开市场。正逢德国世界杯举办期间，"久久丫"决定借助世界杯这个机会，从球迷身上找到突破口。

一直以来，很多球迷都喜欢在看足球时喝啤酒，"久久丫"认为如果能在喝啤酒时吃着鸭脖，就更能满足球迷的需求了。基于这样的设想，"久久丫"主动找到"青岛啤酒"，提出了联合营销方案。

当时，"青岛啤酒"赞助了央视的世界杯栏目，如果"久久丫"能与其联手，

第 15 章
整合风险：抱团取暖是最好的翻身途径

无论是树立品牌形象，还是做市场推广，对"久久丫"来说都有非常大的正面影响，而且不需要付出额外的费用。"久久丫"数百家分店的销售网络对"青岛啤酒"来说，也是一个非常大的诱惑。基于市场双赢的考虑，"青岛啤酒"接受了"久久丫"抛来的橄榄枝。

从 2006 年 6 月 5 日起的一周内，"青岛啤酒"与"久久丫"联合营销的新闻发布会陆续在上海、北京、广州、深圳四地召开，正式展开世界杯营销攻势。世界杯首日，双方联合推出"网上购买久久丫鸭脖子，送青岛啤酒助威世界杯组合套餐"活动，双方联合喊出"看世界杯，喝青岛啤酒，啃久久丫"的口号，在全国范围内刮起了一股鸭脖销售风。

世界杯首日，"久久丫"的全国销量增长了 70%~80%。"久久丫"一个月卖出了 200 多万只鸭脖，全国营业额达到 1800 万元，而"久久丫"投入的资金只有 150 万元左右。

从这个案例中我们能明显感受到资源整合的魅力及威力。由此可见，只有你来我往，才能实现共赢、互相成就，发挥资源整合的最大效力。

15.5 确定主导权才能力往一处使

携程和去哪儿曾经有过合并的计划，这两个在线旅游行业的翘楚一旦进行合并，从竞争关系变为合作关系，势必会拥有行业内无法撼动的地位，改写中国在线旅游市场的格局。然而，携程与去哪儿的合并计划却以失败告终。

两家公司之所谈崩了，就是因为谁都不愿意放弃资源整合的主导权。

携程与去哪儿进行合并实际上是一件非常正确的事，因为携程与去哪儿在商业模式上有着很强的互补性。携程的线下资源比重相对较大，业务核心是提供酒店、机票、车票等的线上预订服务。而去哪儿则靠旅行搜索的垂直领域起家，主打的是线上的资源共享。两个品牌将双方的资源整合到一起，更有利于双方的携手共进。

携程与去哪儿的合并由百度牵线，百度一直有将业务领域拓展到在线旅游行业的野心，一旦携程与去哪儿合并成功，势必会在在线旅游行业形成一家独大的效果，因此百度更愿意让自己的"嫡系"公司去哪儿掌握合并后的主导权。而携程早在在线旅游领域打响了名号，一直以来都是以行业第一的身份自居，其体量是去哪儿的两倍，因此也不愿放弃主导权。对主导权的争夺导致携程和去哪儿产生了矛盾，最终影响了两家的合并。

合并失败后，携程与去哪儿的竞争更为激烈。一方面，携程已经知道去哪儿所需要的资源，因此只能不断地关注自己的同类模式者，防止其与去哪儿合作。一旦去哪儿与其他携程的同类模式者进行资源整合，就很有可能一举超越携程成为行业第一。另一方面，去哪儿难以获得有效的资源进行整合，只能向相关的业务方向发展，试图拓展线下资源。

携程和去哪儿的资源整合，是在充分了解自己的资源和对方的资源，充分了解自己的需求的基础上进行的。尽管最终因为种种原因失败了，但仍然能给需要资源整合的公司带来一些启发。

15.6　控制整合成本，一分钱不花也能开 600 家连锁店

资源整合可以用最小的成本获得最大的收益，因为资源整合的本质就是拿自己的资源换别人的资源，而不需要再为了资源付出额外的成本。有一个品牌就通过资源整合的方式，一分钱不花在全国开了 600 家连锁店。

第 15 章
整合风险：抱团取暖是最好的翻身途径

摩登妈咪本来是一个主打孕妇服装的全国连锁品牌，在了解了资源整合这一概念后，摩登妈咪决定引进 0～3 岁的童装产品。很快，摩登妈咪在全国开设了 600 多家连锁店，实现了 2 亿多元的年销售额，成为孕婴服装行业的知名品牌。

广州有一家专门做产后妇女乳房保健产品的公司。公司的经营者考虑到自己的目标客户和摩登妈咪的目标客户有着很高的重合率，于是向摩登妈咪提出了合作的想法。经过谈判和商议，这家公司与摩登妈咪达成了合作，进行了有效的资源整合。

双方的资源整合取得了非常理想的效果。对摩登妈咪而言，自己不需要付出额外的成本就拓展了业务范围，增加了新的盈利点。而对主营产后妇女乳房保健产品的公司来说，自己相当于在全国开了 600 多家连锁店，还没有花费一分钱。这次合作实现了合作双方的共赢，是一次完美的资源整合。

15.7 信息不对称，资源整合难实现

在不到一个月的时间里，吸引 80 多个商家入驻网站，这是有可能的吗？答案是肯定的，有一位做网站生意的创业者，就通过资源整合和"欲望爆破"相结合的方式，在不到一个月的时间里，成功吸引了 80 多个商家入驻网站。

他所采用的方法，就是将商家互助联盟和大型抢购会联系在一起，整合了多方资源，激起商家的欲望，最终引发从众效应。

首先，他向所有商家投放了第一轮纸质广告，在 A5 大小的纸张上对该网站将举办抢购会进行了宣传，重点突出抢购会的便宜实惠，邀请大家持续关注。在这个过程中，不仅商家会注意到，消费者也会注意到这个活动。在投放了第一轮广告后，他亲自登门拜访，邀请商家入驻网站。这一次，只有三四个商家愿意入驻。

之后，他开始投放第二轮纸质广告。这次，他用稍大的 A4 纸对活动进行宣传，同时将之前已经谈成合作的几个商家及其提供的产品展示出来。其他的商家看到已经有商家参与，就会更容易被说服。果然，第二轮广告投放完毕后，又有更多的商家加入了抢购会。

就这样，他连续进行了第三次、第四次宣传。经过一波波的预热，入驻的商家越来越多。

而他与商家的谈判也充满说服力。首先，每天的抢购会将有很多消费者参与，商家只需要提供一两件特色产品，被消费者注意到的概率就会提升，消费者在抢购之后会进行广泛的传播，这样商家的产品也会得到宣传的机会。其次，网站还做了由入驻商家组成的广告联盟，一个商家的产品，可以在另外 9 个商家的店里打广告，同时这家店也需要为其他 9 家打广告。这样互相帮助，为对方宣传产品，可以扩大广告的受众面。最后，参与抢购会还能通过产品为商家引流，而这样的大型抢购会，只靠一个商家是很难做到的。对商家来说，这是一个难得的机会。

就这样，他最终在一个月内成功吸引了 80 多个商家入驻网站，而这强大的吸引力正是来自资源整合。如果他没有对资源整合活动进行宣传，让更多的商家了解这次活动，恐怕也难以取得这么好的效果。

因此，公司在进行资源整合时，要将信息准确地传达给有可能参与进来的资源方，确保各方信息对称，让各方多多了解、积极参与。

第 16 章 市场风险：新品不好卖，可能是市场不需要

市场是产品的先行官，产品来源于市场，又终结于市场。很多时候，公司的产品销售受到阻碍，也许是因为没有考虑到市场因素。市场不仅影响着公司产品的销售，也影响着公司的方方面面。公司存在于市场内，只有遵循市场规律，才能更好地生存和发展。

16.1 消费心理变迁：未创新理念，美特斯邦威面临危机

美特斯邦威曾在中国服装市场上风光一时，谁能想到，它也曾面临巨大的危机。究其根本原因，是因为当时的美特斯邦威没有注重大众消费心理和消费习惯的变迁，其品牌理念始终没有进行过有效的创新。

随着各类快时尚服装品牌进军中国,对中国本土服装市场造成了一定的冲击。与这些快时尚服装品牌相比,当时的美特斯邦威还保留着传统的服装销售思路,在大众快速变迁的消费心理和消费习惯面前,美特斯邦威显露出了一些不可避免的缺陷。

例如,快时尚服装品牌采用直营的方式,拥有高效的供应链管理模式,保证了服装从设计到销售整个过程的高速运行。而美特斯邦威"代理+加盟"的销售方式增加了中间环节,却不重视合作机制下的沟通,导致终端销售同核心企业之间的协同性较低,服装周转时间也较长。在产品"迭代周期"如此重要的时代,不做创新的美特斯邦威似乎注定落后于市场。

除此之外,快时尚服装品牌的广告投入较少,相比之下美特斯邦威的广告投入巨大,然而转化效果却并不理想;快时尚服装品牌对积压产品进行集中打折处理,相比之下美特斯邦威后期的巨大折扣更容易使大众对品牌的印象下滑;快时尚服装品牌有统一规范的标准化信息平台,而美特斯邦威的管理漏洞却随着市场的扩张越来越明显。

消费者在购买产品时面临多样的选择,同时消费者的购买行为受价格、质量、广告宣传、流行趋势等多种因素的影响。消费者的需求偏好和消费心理的变化影响其对产品的需求及购物选择,可能导致产品的需求量减少,这会引发公司的市场风险。

为规避这一风险,公司需要调研、分析目标消费者的消费心理,并有针对性地进行推广与引导。一般来说,消费者的消费心理主要有以下几种。

1. 从众心理

许多消费者在购买产品时都会搜索同类产品中的爆款产品,这就体现了消费者的从众心理。为满足消费者的这一心理,公司可以通过低价促销、品牌联名等方式打造出爆款产品，吸引更多消费者的目光。

2. 权威心理

具有权威认证的产品更容易获得消费者的认可，其中体现的就是消费者的权威心理。为此，公司需要为产品寻找背书。一般来说，公司可以为产品打造以下几种背书。

（1）媒体背书。一些权威的媒体在消费者中有广泛的认知度和较高的信任度，当这些媒体为产品背书时，消费者就会将对媒体的信任转嫁到对应的产品上。例如，当某产品被央视等权威媒体认可或称赞时，消费者就会认为该产品值得信赖。

（2）名人背书。名人背书十分常见，如很多公司都会请明星担任代言人，明星的影响力会影响消费者的消费心理和消费选择。

（3）第三方认证。第三方认证包括正式和非正式两种。正式的第三方认证包括：ISO9001（质量管理体系）认证、3C（中国强制性产品认证）、中国名牌、著名商标等由第三方机构颁发的认证书。非正式的第三方认证包括：官方销量数据、公司身份、与权威机构的合作关系、权威机构颁发的奖项等。

（4）创始人个人背书。很多公司的创始人都以自身的信誉为产品代言，这也能够加深消费者对于产品的信任。

3. 追求实惠的心理

消费者在购物时往往存在一种追求实惠的心理。例如，当产品促销时，总会吸引更多的消费者。因此，公司可以通过满减、折扣等优惠手段吸引消费者购买产品。

在了解以上心理的同时，公司还要对目标消费者的消费心理进行调查，明确消费者注重的是产品的价格还是质量，并在此基础上制定相应的策略。

16.2 盲目扩张：在市场寒冬扩张，华泰汽车深陷困境

华泰汽车曾是赫赫有名的汽车品牌，成功占据了国产 SUV 车型极大的市场份额，其创始人张秀根也凭借华泰汽车登上了福布斯中国富豪榜。华泰汽车的野心不仅于此。依托国家的政策支持和稳中向好的市场局面，华泰汽车决定开拓更大的市场。

然而，好景不长，国内车市寒冬悄然而至。面对市场寒冬，华泰汽车不仅没有减少汽车的生产销售计划，反而宣称要实现年销量 20 万辆甚至 50 万辆，甚至不惜举债来换取资源。然而，华泰汽车当年的实际销量却只有 10 多万辆，与计划销量差距很大。实际上，华泰汽车的计划产能曾一度超过 50 万辆，但同一时间内华泰汽车的销量却只有 3 万辆，工厂利用率不足 20%。

在市场寒冬盲目扩张，销量难以达标，华泰汽车被逼到了生死存亡之际。最终，华泰汽车负债 294 亿元，几大主要工厂陆续停工。不兼顾市场进行盲目扩张，最终让曾经的国产汽车巨头轰然倒下。

一家公司在发展的过程中，必然需要开拓市场，但不对目标市场进行调查，不了解目标市场的竞争情况、消费者需求等，贸然进入只会导致失败。公司在开拓市场之前，必须对目标市场进行全面的调查和了解，规避其中的各种风险。

一方面，在开拓市场初期，公司必须对目标市场进行调查，了解目标市场的竞争情况和消费者需求，分析目标市场中的机遇和威胁，并据此制订完善的市场开拓规划和风险防控计划。如果在调查中发现当前的产品不符合目标市场中消费者的需求，或者在目标市场中不具备竞争优势，公司就需要有针对性地推出新的产品。

另一方面，初创公司需要了解自身实力，根据公司的资源与能力安排市场拓展。开拓市场是一个循序渐进的过程，公司可以先在小范围内投放产品，试探市

场的反应，以此调整策略，这样能够减少产品的大量生产和积压。如果市场反应良好，那么公司就可以逐步扩大市场范围，增加投放产品的品种，同时引入区域代理商，通过直销和分销相结合的方式提升产品销量。当然，部分起点较高、有一定实力的初创公司，为了快速抢占市场、建立消费者对品牌的印象，在充分调研和评估的基础上，可以同步复制、快速铺垫。

16.3　政策变化：未注意政策调整，沃特玛销路被阻断

公司在生产产品时，一定要对相关的政策调整多加关注，有时政策的一个小变化，就有可能给公司的发展带来巨大的影响。曾经的锂电池行业巨头沃特玛，就是在蒸蒸日上的发展时期，因为没有注意到政策调整，挨了市场的当头一棒，最终濒临倒闭的。

2016年，沃特玛被坚瑞沃能收购后，便开始调整战略，大幅扩大生产规模，试图用绝对的数量优势提高市场占有率，并通过高销量压低生产成本。然而，就在沃特玛发力生产的时候，2016年年底，国家调整了新能源汽车补贴政策，新增"非个人用户购买的新能源汽车申请补贴，累计行驶里程须达到3万公里（作业类专用车除外）"的规定。政策一经出台，就导致了严重的补贴退坡。

在此之前，沃特玛因为赊销等销售模式，积累了太多的应收账款，遭遇补贴退坡之后，公司的资金链问题逐渐开始显露。下游客户的回款周期延长了一年以上，公司存货周转难度增加，资金流动性变差。与此同时，因为公司还承担着巨额债务，在这种情况下债务还款也变得愈发困难，直接导致沃特玛发生债务违约的情况。

更为致命的是，新能源汽车补贴政策的调整，使以高能量密度著称的三元锂

电池脱颖而出，得到市场的青睐。沃特玛主打的能量密度较低的磷酸铁锂电池由于市场萎缩，需求量急剧减少。而在资金紧缺、时间不足的双重限制下，沃特玛难以改造以往的磷酸铁锂电池生产线，开辟三元锂电池业务的想法始终难以实现。

而在2018年，关于锂电池的新政策中提高了对锂电池的要求，工况续航里程在150公里以下的电动车将不再享受补贴。而在沃特玛曾大规模生产和储备的产品中，有相当多一部分并没有达到规定的能量密度要求。政策的调整导致这部分库存产品的销路直接被阻断，沃特玛也因此一蹶不振。

产品与市场是紧密相连、不可分割的，只有时刻关注政策调整，及时了解市场动向，跟随政策和市场的变化调整自己的品牌战略，才能保证公司和产品不受到市场的猛烈冲击。

16.4 盲目转型：五年四次转型，乐淘还是难逃被贱卖的命运

刚成立就收到雷军2000万美元投资的乐淘，在五年内尝试了四次转型，但最终还是没能摆脱被市场淘汰的命运。

乐淘在刚成立的时候，其创始人毕胜听取了雷军的建议，将公司的主营业务定位为生产和销售玩具。乐淘售卖的玩具品类很杂，质量也参差不齐，很难形成核心竞争力。于是不久之后，乐淘就开始转型卖国外高品质婴童玩具。

卖了几个月玩具之后，毕胜发现卖玩具创造不了收益。用他的话来说："平时中国父母给孩子买的不是玩具，一般是衣服、食品，或者报各种学习班，不太愿意花钱买玩具，在中国不具备这个文化，导致乐淘在成长了一段时间之后，出现一个巨大的瓶颈且不再成长。"彼时国内没有形成良好的玩具市场，导致以卖玩具

为生的乐淘难以获得发展。于是，乐淘再次转型，向服装和鞋包等行业发起进攻。

当时正是凡客诚品在服装领域发光发热的时候，于是一番研究下来，毕胜决定转型做鞋类电商平台。

初期，乐淘转型卖鞋获得了巨大的成功，其较高的知名度也是通过这次转型打响的。乐淘自成立以来，有三轮融资都是在转型做鞋类电商平台时完成的。然而，在乐淘表面的辉煌之下，却隐藏着连续亏损的状态。终于，在毕胜发表了一番"垂直购销式电子商务是骗局"的言论之后，乐淘再次转型，开始经营自有鞋类品牌。

乐淘先后推出了恰恰、乐薇、茉希、迈威、斯伽五个自有品牌，放弃了原来的代销业务，希望这次转型可以给公司带来新的生机。然而，事实却不容乐观，这次转型后，多位高管先后离职，自有品牌的销售额让人失望，很快就出现了数千万元的库存危机。

次年，乐淘推出了新的发展方向：定制平台。这也意味着，乐淘的上次转型以失败告终，自有品牌之路已经难以继续下去。

乐淘的四次转型都没有得到理想的效果，区别只是亏损的多少。最终，乐淘被以极低的价格卖给了广东冠鹏鞋业连锁经营有限公司，原有股东全部退出。乐淘以四次转型失败的经历告诉创业者，公司转型要充分考虑市场需求和公司性质，盲目转型只会提高失败的概率。

16.5　营销有误：润妍为何雷声大雨点小

品牌在进行营销之前，往往有一个重要的环节：市场扫描。市场扫描就是通过对行业环境、商业环境及竞争环境的扫描进行市场评估，再根据市场评估制定营销策略。如果忽视市场扫描，就会造成营销策略有误，从而导致品牌的失败。

润妍是宝洁旗下唯一针对中国市场原创的洗发水品牌，是宝洁依托中国本土植物资源生产的系列产品。在本土品牌逐渐成熟壮大的大环境下，不少人都对润妍寄予了厚望。

润妍在正式上市之前，做了一系列市场扫描。它派出专人和目标客户48小时在一起生活，调查他们的生活习惯和消费偏好；请目标客户做使用测试，再根据反馈改进产品；设置模拟货架，调查目标客户喜欢和讨厌的包装；对目标客户进行广告调查，请他们选择自己喜欢的广告创意等。可以说，为了使目标客户满意，一切从目标客户的角度出发，润妍在上市前期投入了很多精力。

然而，润妍的努力却用错了方向。为了突出"针对国人"这一特性，润妍将洗发水品牌定位为"东方女性的黑发美"，主打黑发养护，却忽略了它的目标客户，即18～35岁的女性是烫染头发比重最大的群体。目标客户有误，导致品牌失去了需求基础。而润妍也没有建立起有效的品牌形象，仅凭黑发养护的功效难以吸引人们购买。投入市场之后很长一段时间内，润妍的产品销量并不理想，在激烈的市场竞争下，只能悄然退市。

因为目标客户有误、未突出新功能和配方、产品太过单一等原因，润妍花了大量的时间和财力所做的市场扫描并没有起到应有的作用，其声势浩大的市场调研也没能帮助它走得更远。

反侵权盗版声明

电子工业出版社依法对本作品享有专有出版权。任何未经权利人书面许可，复制、销售或通过信息网络传播本作品的行为；歪曲、篡改、剽窃本作品的行为，均违反《中华人民共和国著作权法》，其行为人应承担相应的民事责任和行政责任，构成犯罪的，将被依法追究刑事责任。

为了维护市场秩序，保护权利人的合法权益，我社将依法查处和打击侵权盗版的单位和个人。欢迎社会各界人士积极举报侵权盗版行为，本社将奖励举报有功人员，并保证举报人的信息不被泄露。

举报电话：（010）88254396；（010）88258888
传　　真：（010）88254397
E-mail：　dbqq@phei.com.cn
通信地址：北京市万寿路173信箱
　　　　　电子工业出版社总编办公室
邮　　编：100036